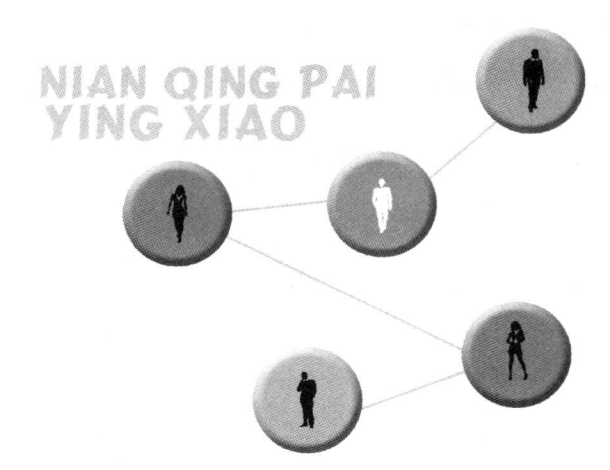

NIAN QING PAI
YING XIAO

年轻派营销

如何对 80、90 后消费者进行营销

@陈亮年轻派 ◎著

当代世界出版社

图书在版编目（CIP）数据

年轻派营销 / @陈亮年轻派著 .—北京：当代世界出版社，2014.4
ISBN 978-7-5090-0931-4

Ⅰ.①年… Ⅱ.①@… Ⅲ.①市场营销学 Ⅳ.① F713.50

中国版本图书馆 CIP 数据核字（2013）第 204148 号

年轻派营销

作　　者：	@陈亮年轻派
出版发行：	当代世界出版社
地　　址：	北京市复兴路4号（100860）
网　　址：	http://www.worldpress.org.cn
编务电话：	（010）83908456
发行电话：	（010）83908455
	（010）83908409
	（010）83908377
	（010）83908423（邮购）
	（010）83908410（传真）
经　　销：	新华书店
印　　刷：	北京普瑞德印刷厂
开　　本：	710mm×1000mm　1/16
印　　张：	16
字　　数：	210千字
版　　次：	2014年4月第1版
印　　次：	2014年4月第1次
书　　号：	ISBN 978-7-5090-0931-4
定　　价：	36.00元

如发现印装质量问题，请与承印厂联系调换。
版权所有，翻印必究；未经许可，不得转载！

谨以此书献给我的母亲

作者简介

年轻派营销第一人陈亮先生

中国领先的新一代营销咨询机构总裁

陈亮·年轻派营销咨询机构是中国第一家细分专注年轻人（80、90后人群）消费策划与企业品牌年轻化的营销咨询公司，是中国新一代营销咨询策划团队，也是国内为数不多的能将传统营销与网络营销完美结合打造，首家可效果付费的策划咨询专业团队。

公司旗下拥有陈亮·年轻派营销企划（品牌策划营销包装）、年轻人在线销售（网络渠道与电子商务销售外包）、陈亮跨媒体广告传播（跨媒体传播代理）等子公司，并参与企业实体投资，参与投资有西堤岛咖啡集团－特色咖啡连锁品牌、余师傅烤鱼连锁、爱旅游网等企业，致力于打造本土优秀的新一代营销咨询传播集团。

营销策划大事记

2002年，携手星华包装，打造企业整体产业链，2009年广东区域销售达1.5亿；

2003年，与民族饮料翘楚健力宝年轻运动饮料合作，为健力宝品牌激发全新活力；

2004年，服务并学习广州长隆旅游，整合集团资源推"节日季"，打造旅游王国旗舰；

2005年，服务无穷鸡翅小食品，从销售额几千万到2009年的6亿元，成就休闲食品帝国；

2006年，服务比亚迪汽车股份经济白领系列车型，大战汽车行业，2009年汽车成功销售40万辆；

2007年，包装银子弹啤酒，使之从默默无名到年轻人时代啤酒领导者，成为单品盈利超高的啤酒；

2008年，合作青少年教育产业诺亚舟教育科技，使企业产业升级进入学校教育产业；

2008年，打造健康饮料某苹果醋企业，提升形象，使其成为苹果醋重复消费度最高单品类；

2009年，协助时尚调味品鸡汁类领导者嘉豪股份，营销成功升级，企业高速循环发展；

至2013年，参与服务企业100多家，涉足30多个行业。

具体业务模块

营销咨询／市场调研／品牌定位／商业模式／产品结构／品牌形象／营销策略／广告传播／网站策划／淘宝运营／网络营销／网络效果营销／网络公关／网络广告传播投放／网络招商／销售外包

营销传播／推广定位／竞争分析／传播策略／战术落地／媒介分析／广告投放／广告创新顾问／植入营销等

登陆官方网站：www.51kuamei.com

登陆视频博客：www.kuamei.com.cn

新浪微博：@陈亮年轻派

各界赞誉

在可怕的顺德人后面，在广告营销行业，出现了"可怕"的陈亮。从销售职业一路发展而来，不断修炼和提升，最终成为卓越的营销专家。希望陈亮所带领的新一代营销咨询公司成为业内"可怕"的公司，成为业内特色的新锐公司！

张鼎健
著名策划人，旅游营销专家，美籍华人企业家

陈亮和他的团队是我们营销发展上的合作伙伴。从最初的几个亿到我们去年年营业额已到15亿的市场规模，陈亮的团队作为专业的品牌服务团队，体现出了专业的策略把控能力，希望今后能合作出更好的成绩。

郭伟钦
中国焗鸡行业领军品牌、无穷盐焗鸡食品董事长

"得年轻人者得天下",这是陈亮年轻派团队向当今营销界喊出的最强音,也是将改变未来中国众多行业与品牌格局的大趋势。陈亮年轻派已经走在年轻一代消费者营销的前沿,企业界的朋友们可多借用他们的智慧,让自己的品牌满足年轻一代消费者的需求,与时代同行。

邹伟强
著名企业高管,原神舟电脑大中国区总经理

作为新一代的品牌咨询专家,陈亮带领年轻派营销团队,树立起专注80、90后年轻派消费的方向,还打通了传统营销与网络营销的融合,通过品牌年轻化、品牌电商化等重要战略,有效地推动了中国企业创建强势品牌的营销实践。

翁向东
中国高端品牌创建专家,上海杰信咨询总经理

不管你喜欢不喜欢、愿意不愿意,@陈亮年轻派来了,仅仅一本书、一堂课,他就给我们上百名管理人员带来强烈震撼和影响。怎样剖析80、90后消费特征,加强企业品牌构建,对让年轻消费者深度认同唯客这个快速崛起的全国首创量贩式快餐企业具有非常大的实际意义。谢谢@陈亮年轻派对我们的指导和分享。

张宏生
唯客餐饮集团董事长

市场变化之快，很多人未必真正适应，并非因经验不足，而是缺乏在新机遇面前的学习和改变能力。陈亮和他的团队，应该算是这方面的前行者。认识他这么多年，从广告传播到整合营销，从传统业态到网络世界，一步一步追上时代的速度。定位于细分市场并坚持下来，相信一定会有收获的一天。

周小文
凯睿咨询公司合伙人，尚透社设计师平台网站创始人

陈亮年轻派的品牌营销你学不会，所以建议企业可以直接找他服务和咨询。

方立军
金鼠标网络营销盛典主席，网赢天下网首席架构设计师

陈亮先生多年专注营销，见解独特，功力深厚。每每与他交流分享，总能擦出火花产生共鸣，实乃国内顶级营销高手！

林健锋
著名实战派营销专家，高尔夫畅销小说《手腕》、《向媒婆学营销》作者

营销视野年轻化、沟通策略年轻化、营销事件年轻化、用户挖掘年轻化，陈老师的年轻派营销机构总是让业界耳目一新，又善于结合、挖掘和优化互联网营销的年轻化商业价值，是国内当之无愧的品牌年轻化整合营销领先者！

尹志强
社会化微营销专家，和合互动创始人

企业品牌推广的实战专家我认识很多，资深的媒体人也不少，但能把一线营销实战经验与媒体行业理论相结合的不多，而能自成一家之言出书传播的就更少。陈亮及其"派营销"，实为一代宗师，立一家之言。

周立
南方媒体联盟总经理

这是一本集中国营销之大成的创新著作，是中国企业家观察市场应该认真研究的好作品。

申音
《创业家》杂志前主编，NTA创新传播创始人、畅销书《商业的常识》作者

鸟无森林难唱歌，人无知音力单薄；弱势阶段需助力，企业归海鱼跃波；伙伴精英叫陈亮，商海百战助洒脱；效果付费新风范，助你乾坤更壮阔。

万琼贺
知名作家

深信所有的营销心得与趋势判断，以及对新生代主流消费者的研究，都是基于自身服务过的客户成功经验的悟道。陈亮将这些营销财富无私分享，对营销界是一种难得的贡献，尤其为当下务虚居多、营销概念纷飞的环境带来一股扎实的正气，让人受益匪浅。

颜圣仁
《南都周刊》《南都娱乐周刊》娱乐事业发展中心总监

认识陈亮到现在整10年，他每年都在进步，每年都在飞跃，每年都在上台阶，如同我所从业的主持人行业，需要每年都积累学习和提升。他从业的专业是帮助企业品牌上台阶的伟大事业。

任永全
广东电视台知名主持人

　　陈亮是中国少有的专注于年轻人市场的营销专家，基于数年如一日的对年轻人消费心理和行为的深刻洞察，提炼出了一套卓有成效的针对年轻人市场的营销理论与方法。数十个成功案例证明其有效性与实用性，它是中国营销界的宝贵财富。

刘波涛
《新营销》副总编，资深媒体人

　　巧的是，我和陈亮既是同乡也是同岁，同样思维敏捷、眼光犀利，同样不拘一格、不落窠臼。

　　我采访过行业内的叶茂中和王志纲，深知二位标杆性人物的"开创性"与"独特性"，这两个词同样是我对陈亮的印象，他与时俱进地关注到80后90后的这部分人群和市场，与他们同呼吸共命运。他的研究求真务实，自成一派之势，他的作品时鲜新锐，自成一家之言，值得品鉴与回味。

　　用一句话与陈亮和诸君共勉：未来是属于你们的，也是属于我们的，但最终是属于我们的。

袁强
中央电视台《奋斗》栏目导演，资深记者

有价值，有高度，有积累，是北大办学的基本哲学，陈老师是我们北大的总裁授课教授，是真正负责任的专家教授，与我们办学的理念一脉相承，希望陈老师和我们一起用书籍、授课、总裁研修等方式影响和成就更多的企业家。

李镜
北京大学商道智慧课题研究中心主任，深圳商道智慧文化发展公司负责人

前言

年轻人的市场有多大，首先取决于究竟该如何去定义年轻人。

单纯从年龄层次上来划分，未免显得太过狭义。时间是永远都在变化的数值，存在这个数值的市场也始终是动态的，这也就给研究年轻态的市场和市场营销行为带来不可胜数的困难。而一次真正的市场营销行为并不应该仅仅针对某个年龄层——尽管从这个层面上来讲，某年龄层的人群通常具有相类似的审美观点和消费理念——一个人的消费方式并不是受年龄决定的。真正起到决定因素的是观念。

也就是说，要做年轻态营销，就必须去寻找在观念和心态上始终保持年轻的消费群体。这一类人或许从年龄上来说已经并不年轻，但正因为他们和社会长时间的接触，才能对流行保持着高敏度的触觉。于是也就顺理成章地牵扯出第二个问题：年轻态营销到底要卖什么？

成功的营销行为是建立在成功的商品基础上的，这就像是一座大厦的基石，是决定之后一切计划和行动的前提。一个生产企业在决定生产什么样的产品之前,恰恰又是受到消费群体的消费观念和消费需求的影响,由此也就形成了一条无形的循环链接:

消费者产生需求——企业根据需求去生产产品——产品试用于消费者并由此产生反馈信息——企业根据反馈信息对已有产品进行调整,或借用新技术推出新产品——继续试用于消费者并产生反馈信息。

在一件商品的生命周期中,这个循环过程是无限不重复的,且营销行为充斥在每一个环节中。真正的年轻态,是要调动所有的资源和手段促使每个环节都始终以积极的状态运转,从而促进下一个环节以最快的速度产生并向前发展。

简单来说,年轻就应该是一种活力,一种敢于打破现状的创新。正像是刚刚出土冒芽的小草一样,年轻态是具有向上精神的状态,这也是年轻态营销区别于其他常规营销行为的重点所在。要做年轻态营销,就要从根本上上手,从生产环节到销售环节,每一处都把年轻人要有的态度放进去。

再返回来说,时尚、潮流……永远都不要把这些看似只和年轻人沾边的词汇被年龄的范围给拘囿住,否则你所倡导的年轻态营销恐怕只能是一潭死水,且还要面临着随时被新一代年轻群体淘汰的危险。

永远要记住的是,好的营销行为不是在顺应市场,而是在改变市场上的销售法则。优秀的年轻态,最终的结果是把所有人以及所有环节都化作年轻状态,把不可能变作可能,这才是关键所在。

本书的酝酿和编写历时3个年头,最要感谢的是妻子和宝宝的陪伴。当然还有更多支持帮助的企业家、媒体等朋友。

再次感谢读者的支持,本书的尾页为你准备了丰厚的礼物,期待着你翻开我为你谋划已久的梦想、欢笑和期待。

陈亮　2013年12月8日于广州

目录

01 巨大的年轻态消费市场
——才刚刚开始

一个最懂得如何花钱来满足自己的群体 // 003

消费需要保持年轻态 // 006

锁定最有购买冲动的人 // 010

从"山寨"到草根 // 013

紧紧追随年轻态的消费观念 // 015

02 动荡的消费浪潮
——席卷全世界

"打工一族"的消费苏醒 // 021

80后，是一种态度 // 024

拥有更多对未来的主导性 // 027

年轻，是什么？ // 030

不做老少通吃的汉堡 // 034

习惯他们的语言和沟通方式 // 046

变革之精神 // 050

既是狼来了，又是浪来了　//054

03 坚持自身的年轻态
——8大品牌市场攻坚战

苹果难咬——关于"个体"的争辩　//061
Dreamtimes——年轻"梦"时光　//065
可口可乐——喝出"年轻"的口感　//069
美邦凶猛——不走"寻常"路　//073
天翼飞young——年轻"活出样"　//077
新东方学英语——Yes, you can!　//080
魔兽战场——创造最伟大的"娱乐"　//083
中国好声音——"梦想"永远都有翅膀　//087
香奈儿——奢侈品多维度乘积的"品位"　//090
品牌年轻化战略　//095
价值观营销的关键　//116

04 线上的年轻态生活
——"人肉"传奇

无处不在的虚拟触手　//124
没有"免费"的馅饼？——品牌推广术　//128
自由、变革、梦想　//132
虚拟VS现实　//135
微博，微信，带你走进2.0　//139
十面埋伏狙击战　//154

目 录

捆绑销售"鼠标手" // 159

线上营销经 // 164

05 品牌年轻态
——对未来有着概念化态度

百事可乐的年轻态之路（品牌战略年轻化） // 171

无穷：插上年轻的翅膀飞翔（品牌消费年轻化） // 177

长隆集团：娱乐营销的经典样板（品牌娱乐营销） // 181

银子弹啤酒：借体育营销之手敲开国门 // 185

菲星数码：打造平价蓝海（精明消费打动年轻消费者） // 196

06 三大品牌实战年轻态
——更复杂的故事往往发生在实践中

全媒体加速品牌战略升级——华生堂苹果醋2009年传播定位纪实 // 203

不一样的黑卡，不一样的世界——黑卡饮料广告创意 // 214

借助网络打造消费者俱乐部——嘉豪食品网络营销沟通纪实 // 221

结语：这个人人都想更年轻的时代 // 232

01 巨大的年轻态消费市场
——才刚刚开始

NIAN QING PAI
YING XIAO

联合国曾发布过一份《世界人口状况报告》，预测到，至2050年时，世界人口将超过90亿，人口过亿的国家将增至17个。在未来的50年，90亿人口中，具有极大消费潜力的人群中年轻人所占的比例以及由此而引发的消费能量不可小觑。

年轻人已在逐步成为消费市场的生力军。当人口一代一代地更新时，一旦占领了当下年轻人的消费主流，就极有可能成功把控住未来的天下。巨大的年轻人市场，其实才刚刚开始。

一个最懂得如何花钱来满足自己的群体

任何产品和商家在运作之初，都首先要考虑同样一个问题，那就是：他们的产品究竟是要卖给谁？

近年来，中国的企业家和市场营销者们对年轻人这个群体的关注度越来越高。无论是工作收入基本稳定的70后，还是已经成为中流砥柱的80后，或者是刚刚迈入社会的90后，抑或是早已经跃跃欲试的00后，都有一个共同的特点：

他们在享受生活的同时，已经开始明白生活、明白世界，同时更明了自己的身份。这些以××后为代表的新一代消费群体已经成为社会消费大军的主流力量。这个群体中，蕴藏着的极大市场潜力。（如图1-1）

图 1-1

　　以最早一代的 70 后为例，现如今他们也不过只有 40 岁左右，是人生正当年的黄金时期；而诞生在新世纪后的第一代新生儿，如今也都已经步入了青春期，正是需要展现个性化消费的好年华。在这些人群中，存在着有足够的资产来满足自己消费品位的实力一族，也存在着有明确的个性需求来实现自己消费概念的新鲜一脉。

　　也就是说，在这样一个年轻态群体中，他们有一个明显的消费共同点：

　　　　他们不一定是最有钱的，但却是最愿意花钱的，同时又是最懂得如何花钱来满足自己的群体。

　　在未来几十年的发展中，如此一个由年轻人组成的巨大的消费群体已然悄无声息地诞生。谁要是能在这块奶酪上咬一口，未来必定是属于他的天下。

　　来看一组专门针对年轻人市场而进行品牌消费的数据：

　　　　国外媒体报道，2012 年第一季度苹果手机销量占全球手机销量的 7.9%。苹果公司仅依靠 iPhone 手机就成为全球第三大手机制造商。作为智能手机的领航者，苹果公司成功实现了把电脑手机化的企图。然而，互联网从诞生到今日，其历史也不过短短数十年。并且真正被大众所接受，也只是近十年的事情。苹果手机攻占的，正是随着网络的兴起而成长起来的年轻人，以及由年轻人组成的年轻市场。

在可口可乐的营销帝国中，从1885年无意间诞生了第一瓶可口可乐至今，其无数次地改换过宣传标语。当减肥成为全世界的流行时尚时，可口可乐抓住了青年女性的爱美消费心理开发出了低卡可口可乐，成为了最受消费者欢迎的保健饮料。后来，可口可乐又开发出了呛凉汽水"雪碧"。其"透心凉，心飞扬"的独特口感迅速被追求时尚的年轻人所接受。

时至今日，在智能手机市场，苹果公司一家独大。而在饮料市场上，能够和可口可乐在同一个平台上对抗的商家只有百事可乐一家，而百事可乐惯用的明星策略同样是以年轻一代的消费者为消费目标。

这均说明一个问题——得年轻人者，得市场未来。

真正的年轻人市场究竟有多大？这不是一个可以用数字来说明的问题。单纯以各个不同年龄层的消费人群占有比例，只能说明当下的消费状况。重点在于，年轻人是一个不断变化的群体，其受到诸如政策、经济、社会阶层、文化等等多方面因素的影响。如果以年岁来判断该消费者是否属于年轻人群体，就失去了动态性的联系。

随着时间的推移，将会不断有新鲜的年轻人加入到这个市场群体中，现有的年轻人也会逐渐远离这一个群体。因此就需要确定两点内容：企业一方面需要保持最好的活力以及对市场流行的捕捉和应变能力，以确保能够更吸引新新人类的眼球；另一方面，企业仍需要保持足够的稳定性，以培养老顾客的忠诚度。能够在这一片市场中立足的企业，哪怕只是啃到了奶酪的一角，也足以笑傲今生。

年轻人市场，这是一块多么巨大的奶酪，或许并不是每个人都能够以宏观的角度看清楚。但在未来的几十年中，这个市场必定会保持着无限活力。

消费需要保持年轻态

年轻人市场的潜力究竟何在？他们的消费点又在哪里？如何才能迎合年轻人的消费口味？要解决这一系列的问题，首先需要走进年轻态消费。

没错，消费也需要保持年轻态。为什么脑白金的广告语是"年轻态，健康品"？很明显，它是给老年人服用的，但却并不是只卖给老年人的。真正舍得花钱购买脑白金孝顺父母的，恰恰正是年轻消费者。一款产品应该以什么样的姿态进入什么样的市场，早已经由它的消费者投出了决定性的一票。

要想了解年轻态消费，就必须明白哪些群体才算是年轻人。

以字典里面的词条解释来看，年轻人指的是年龄在 20 岁到 30 岁之间的群体。当把这个概念放到社会大环境中后，就会发现其所指面究竟有多么狭窄！这是一个崇尚年轻的社会，没有人愿意自己被指称为老人。因而，上到知天命的年纪，下至十五六岁的青春期，都可以划归到年轻人的群体中。试想，当你作为一个店面销售员，面对一位四十岁左右的顾客，要销售给他一款在二十多岁人群中流行的智能手机，你会用什么样的词汇来表述这款产品？无疑"年轻、时尚、新锐"等词汇是最能够打动人心的。事实也证明，最具消费力的人群并不是年龄上最符合"年轻人"概念的群体，而是那些转眼就要跨入老龄化阶段的实力一族。

年龄，并不能成为阻止这些人消费年轻态产品的因素。

L.R. 凯纳（L. R. Kahle）等人于 1992 年提出了研究区域消费差异的概念模型，亦称 TOFA 模型。其研究成果表明，在众多的区域文化和消费的差异面相中，如何区分出基本类别或典型类型？除了饮食文化和习俗的差别，是否接受外部文化，是否敢于花钱是消费文化价值的两个基本维度，前者导致区域消费形态的变化，后者主导区域消费的基本风格。

以 TOFA 模型的理论为推导，在这里提到的年轻人市场单以年龄来划分是不准确的。年轻态消费，"年轻态"三个字是状语，强调是什么样的消费方式。因此其真正所指代的，是那些具有年轻的、新潮的、时尚的、个性的消费理念的消费群体。

这个群体概念囊括的范围之大，几乎足以涵盖生活中的各种阶层。其基本可分为：学生群体、毕业生群体、白领群体和中产阶级群体。

学生群体：具有与最新科技接轨的消费理念，资金来源由父母做后盾，追求时尚、新潮；

毕业生群体：初入职场，社会压力大，储备消费资金不足，但有强烈的购买冲动，易受物质诱惑；

白领群体：有一定的消费能力，对产品品牌有独特的品位和挑剔性；

中产阶级群体：购物资金不再是问题，且早已经培养起足够的品牌忠诚度，不会放过任何一个与新潮和时尚接轨的可能性。

纵观这四种分类，似乎彼此之间并没有太大关联性，且每个群体都有各自鲜明的个性，想要以如此大规模的群体组成同一种年轻态消费看似不可能。但是我们却忽略了一点：隶属于这四种群体中的消费者，都存在着较为突出的购买冲动。

如果我们把调查群体的经济能力按高低垂直划分，把其消费观念按时尚程度（消费观念的年轻程度）划分，我们就会得到一个四格的矩阵模型（如图 1-2）。经济学上称这个模型为 **TOFA 模型**，该模型引入时尚指数 S（Style）以衡量在时尚—传统之间的区域位置；引入花钱指数 R（Risk）以衡量在勤俭—享乐之间的区域位置。根据这个模型，我们可以把调查群体按经济能力和消费价值观划分为四种类型，并得到四种不同的消费价值观取向：

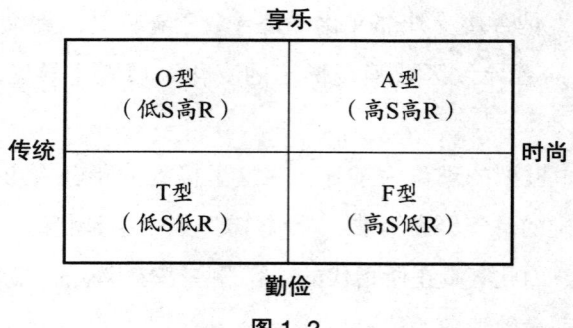

```
              享乐
        ┌──────────┬──────────┐
        │   O型    │   A型    │
        │（低S高R）│（高S高R）│
   传统 ├──────────┼──────────┤ 时尚
        │   T型    │   F型    │
        │（低S低R）│（高S低R）│
        └──────────┴──────────┘
              勤俭
```

图 1-2

- **高 S**：追逐新潮、变化快，乐于接受外部文化、崇尚品牌，重视品牌的象征价值，群体影响大。
- **低 S**：对外来文化谨慎甚至抗拒，崇尚经典与传统价值，保守稳定，注重长远功能。
- **高 R**：决策快，敢冒消费风险，勇于尝试新品，主张享乐主义、及时行乐。
- **低 R**：对价格和 SP 敏感，追求性价比，忧虑未来、安全感低，跟随与后动。

如果用 S 和 R 这两个指数区分出区域消费行为差异的 4 种基本面相，其各自的特征如下：

- **A 型（高 S 高 R）**：前卫型（Advance），时尚而敢花钱。
- **F 型（高 S 低 R）**：理财型（Fashion，Financing），时尚而精明。
- **O 型（低 S 高 R）**：乐天型（Optimism），传统而敢花钱。
- **T 型（低 S 低 R）**：保守型（Traditionalism），传统而节俭。

严格地说，每一区域都是上述 4 种典型类别的不同比例的混合体。

如某城市为 F 型 55%+A 型 15%+O 型 20%+T 型 10%，但其主导性或主特征决定了其消费特征倾向，可通过调查测量得出实证的结果。

TOFA 的矩阵模型只提供了初步的人群划分方法。如果，把这个矩阵

图发展成为雷达图，我们可以清晰地看到调查人群明显的消费价值倾向。（如图 1-3）

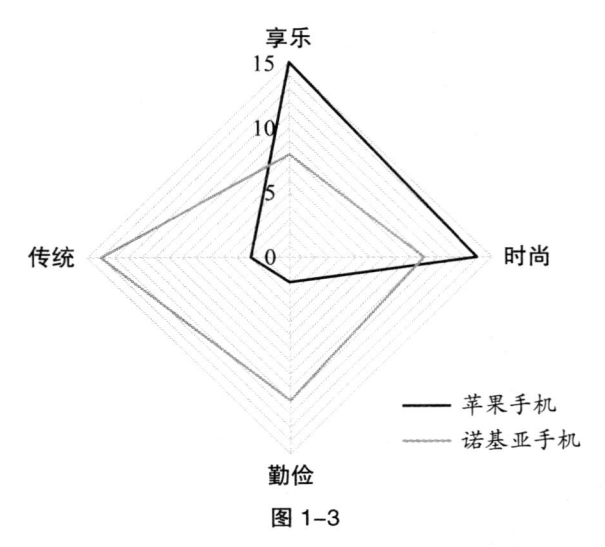

图 1-3

我们可以清晰地看到不同群体之间的倾向和交集，很容易洞悉消费者的价值倾向趋势。如果在研究充分的前提下，再在此模型上增加细分的矩点，如职业的稳定性、媒体接触紧密程度等相关的矩点，则可以清晰看到具体人群之间的消费价值差异。

TOFA 模型提供给我们一个对年轻人市场研究具有清晰意像的工具，可以从经济能力和消费价值观这两个左右消费行为的根本源头上，研究目标人群，为我们的年轻人营销提供更可靠的数据与理论基础。

那么，年轻态消费究竟意味着什么？

国内手机每半年更新换代一次，电脑一般每 18 个月更新换代一次，手机上网速度在 8 年内增长了 375 倍……与其他国家相比，中国已经成为世界上产品更新换代最快的国家了，而且这种更换趋势随着竞争越来越快，新型商品层出不穷，上半年还是全民参与、热火朝天的偷菜游戏，到了下半年已经人走茶凉、无人问津。这一切都与中国的年轻人求新求变不无关系。

年轻人消费往往求新求变，主要有以下两种原因：其一，大部分年轻人处于成长过渡期，消费观念和消费习惯还不够成熟稳定，况且由信息时代带来的全球化经济时代和全新的消费时代，也深深影响了年轻人的消费理念；其二，年轻人是一个具有流动性的群体，其人口结构的变动会引发年轻人消费的变动，很显然，目前以80后为主要组成的年轻人消费群与几年后以90后为主要组成的年轻人，他们在消费观念、消费行为等方面都会出现显著差异。

求新求变是年轻人消费价值观最基本的特点，以年轻人为目标人群的产品其市场生命周期特别短，企业只有不停地升级换代求创新才能满足年轻人不断增长的需求，时代在改变，社会在改变，消费习惯也在改变，企业要想在激烈的市场竞争中占据优势就必须不断改变创新，李宁为了90后年轻人改变商标，苹果手机为了年轻人不断推出新款产品，NIKE每一年都会诞生新款球鞋……这一切，都源于"变"，或许，时代赋予这个社会唯一不变的就是改变。

这样一群具有消费新鲜科技浪潮观念的群体，当面对潮流新品上市时，他们追随、他们热烈，他们甚至会提前预定、追踪商品。这对于企业来说，是一场争夺未来市场的关键战役，那些带领着自己的产品走进年轻态消费群体的企业，是敢于在这块奶酪上啃一口的勇士。

而这一口，并不是每个人都能够咬得动的。

锁定最有购买冲动的人

不论企业有没有新产品上市，有一个问题是需要一直考虑的：究竟谁才是自己的衣食父母。古人云，民以食为天。吃饭的问题是要排在第一位的。对消费者来说如是，对卖东西的商家来说亦如是。消费者依靠金钱换来商家提供的商品并以此来保证自己的衣食住行，商家则依靠消费

01 巨大的年轻态消费市场——才刚刚开始

者的消费行为来保证自己的正常运营。所以说，只有满足消费者的胃口，才能满足商家的胃口。在任何产品被摆上货架之前，永远都不要小看自己的目标消费者。

如今的消费市场并不如同理论一般合理。年轻人，经常被认为是一群有着狂热的购买欲望但却没有足够的购买实力的群体。为了购买时尚智能手机，他们不惜花光几个月的积蓄；为了看一场偶像的演唱会，他们可能要在夜市上摆半年的地摊儿；为了追求时尚和品位，他们常常挎着和自己的工资收入并不相符的名牌包包，人后却天天以泡面度日。因此，这样一群年轻人被贴上了各种各样的感性标签，甚至连自己的喜好问题都变成了一时脑热的"冲动"，被称作"一次性消费"。最为反面的例子当属为了购买数码产品而不惜卖肾的新闻。

在社会评论以过来人和批评者的身份站立在这群年轻人的消费价值观的反面时，值得所有商家——包括产品生产商在内——需要注意的是，恰恰正是因为存在这样的购物冲动，才会让自己的产品销售额一次次地冲过红色的记录线。

据国外媒体报道，苹果iPhone5开卖后，世界各地的苹果专卖店前都大排长龙，甚至连苹果联合创始人史蒂夫·沃兹尼亚克也在加州排队等候购买iPhone5。每个苹果专卖店门外都有数以千计的苹果迷们在排队、甚至彻夜等候购买iPhone5。弗吉尼亚州阿灵顿苹果店前人们甚至冒着阴雨的天气仍在坚持排队等候。

据《劳动报》报道，iPhone5正式在内地发售后，上海、北京等地的苹果零售店在吸引大量果粉到现场排队的同时，更有大批黄牛党混杂其中，想要借此机会坐收渔利。

很难说苹果手机给使用者能够带来多么卓越超凡的体验。作为一款以通信为基础功能的手机，即便创造者给它赋予再多的附加价值，其基本功能也永不会比其他只售几百元的手机有提升。因此就要打出个疑问号，人们究竟是为了什么才会对苹果手机如此痴狂。很显然，他们并不是为了要拿苹果手机给朋友和家人打电话发短信，当智能手机成为一种值得相互媲美的玩物时，年轻消费者购买的不再单单是这款产品，他们给产品注入了自己本身的感情。能不能拥有这样一款不落时尚的手机，成为其在交际圈中不被 get out 的不二法门。作为一个市场参与者和企业经营者，永远都只需要认清一个道理——自己的产品如何才能卖给那些最有购买冲动的人。

是的，是最有购买冲动的人，而不是最有购买能力的人。

如果再能够给购物冲动加上一份购物保障，就足以令所有保持年轻态消费的人群为之痴狂。

当然，在上个十年中，网络和手机移动客户端还远没有今天这般发达。当科技革命如同洪水猛兽一般席卷年轻群体的时候，连商品的销售方式都发生了巨大变革。

当网络 B2B、B2C 购物大肆横行，人们很少再愿意到大商场或者街边的橱窗去试穿衣服，坐在家中鼠标一点然后等待快递送货上门逐渐成为越来越普遍的购物方式。由此也造就了淘宝网、凡客和京东商城等一些中间平台或销售终端的崛起。人们只需要盯着电脑屏幕选择自己喜欢的花色和样式，再随便对比一下不同商品的价格，随后就会非常简便地把购买冲动变成了购买行为。

然而，自始至终，在快递员尚没有敲响消费者门之前，坐在电脑前面点击鼠标的人永远都不会知道鞋子的大小是不是适合自己的脚、衣服的材质是不是真的如同自己期望的一般、新买的手机会不会是二手翻新的。

这一切，在如拉手、糯米等团购网站兴起之后，变得更加如火如荼。

人们正在以虚拟交易的方式一次次地换来真实物品的回报，而且大多数时候都是物有所值。这也就不断地促进这一群生活在网络上的宅男宅女们一次次地透支着自己的信用卡，换来其对商家的绝对信任，以及由此产生的商品交易行为。

强大的购买冲动背后，消费的实际是"诚信"。而这一概念，从物物交换的年代开始直到现在，从来就没有改变过。

虚拟交易在现实生活中正一点点地扩张自己的地盘。所有的消费购物冲动都建立在了诚信的基础上，消费者和商家都逃不脱这一环。

从"山寨"到草根

山寨，这个词对当下的中国市场来说早已不再陌生。或许，以中国国民当下的经济收入水平来说，购买一些国产品牌似乎还可以算是不错的选择。尤其是针对更新换代速度非常快的电子产品来说，如果花重金购买知名品牌，如苹果手机，在其一年更新一代的速度下，大部分国人没有实力去追随最新的科技成果。但一些价格相对便宜的国产手机在功能、应用和外观上并不会比大品牌差太多，而价格却是完全在可接受范围之内，所以有不少人宁愿每年都更新一次新手机，也不会花重金去买大品牌。

这也正是当下国内许多山寨品牌得以继续生存的前提。

山寨这个词，其实更多含有贬低的意思在里面。当真正涉及消费市场和产品品牌中时，其实"草根"这个词更适合这些比大品牌更具有创新精神的品牌。一个草根品牌，已然拥有了比较成熟的市场技术，因此才能够在短时间内制造出在技术上更成熟、在价格上更低廉的产品来吸引消费者。

然而，这些都只是短期的销售策略。甚至有许多国产品牌的电子产品，在过了销售旺季以及产品生命周期走向尽头的时候，其生产商便会销声匿迹。消费者购买到手中的产品一旦出了问题，只能够丢进垃圾桶中，因为根本就找不到售后服务的地方。如此恶性循环下去，带来的结果必定只有一个，那就是灭亡。其实，是生产商自己在逼着消费者一步步走向知名品牌的怀抱。

而深受山寨品牌之害的，是以年轻消费群体为主的人群。他们是最没有稳定收入的一族，但偏偏又处在科技革命的潮流中，每一天都会通过各种传播媒介接触到最新鲜的前沿科技以及时尚概念，自然也不愿意被世界潮流所抛弃。国内自有品牌就是看中了年轻派消费者的这一自我矛盾的缺点，才寻找到了生存的契机。

但明眼人很快就能看出，一旦各行各业的消费者的芳心都被国际大品牌俘获之后，国内自有的品牌必定会走进死胡同。因为不论在何时何地，诚信是一个经营者必须保持的基本态度。这不仅仅只是对于生产制造商而言，更是对在整个销售活动中起到舆论导向作用的营销提出警示。

在这个概念上，山寨永远都无法和草根之间划等号。山寨，虽然具有打破现有格局的精神，但在技术创新等概念上要比大品牌保守得多。草根却不一样，虽然同样出自于一无所有的阶层，但草根，尤其是以众多大学毕业生等白手起家的一代为代表，他们不但掌握着最新的科技，更代表着当下的时尚潮流。一个品牌，可以以高端的姿态示人，但却永远都不能简单地忽略掉当下草根的阶层，因为未来的高端正是出自于这里。就像是树高千尺也不能忘根一样。从战略层面讲，一家企业，不论品牌大小，都不可能简单地脱离年轻人的市场。这是一颗春天的种子，你永远都无法断定从这个市场上会长出什么样子的树苗。

国产山寨品牌之所以会让消费者一次次走进早已经挖好的陷阱中，正是借助于营销的力量，以毫无廉耻的自我吹嘘，甚至还要不停地给竞争品牌射冷箭，从而取得了制胜的地位。尤其是在消费者对新科技概念并不熟悉的时候，营销活动会把消费者置于选择的境地，并单纯的以各种数字来做诱惑，使得消费者的天平向自己倾斜。这实则是完完全全的欺诈行为，因为除了少数几个业内人士外，没有人拥有对广告宣传语中提到的概念进行分辨的能力，消费者只是在盲目地被牵着鼻子走，等到货物到手后才知道是上当受骗，但此时为时已晚。这样的状况，最多的还是发生在年轻消费市场之上。

如何走出诚信的问题从而赢得更多消费者，这已经是不得不谈的问题。这个世界上的年轻人只会越来越多，此时的诚信与否，很可能关系到一家企业终身的命运。单单懂得在营销上下工夫还远远不够，最重要的是必须明白营销活动赖以进行的最基本前提——诚信。人无信不立，企业也是如此。这也是草根最终从山寨这个名词中脱颖而出的根本原因所在。年轻人身上的创新精神，不仅体现在他们自己的消费观上，更反作用于厂家对于产品的开发和营销上。一个固守于陈旧的品牌，即便当下拥有年轻人的拥护，也永远不可能长时间站稳脚跟，只因为年轻人的群体始终是动态变化的，他们的消费观念也不是一成不变的。

在信息飞速发展、科技一日千里的今天，固步自封，就等于死亡。

紧紧追随年轻态的消费观念

营销，要从年轻人做起。那么首要的一道门槛是，年轻人到底需要什么？

这个问题并不是要做年轻派营销才需要去考虑的问题。任何营销活动在展开之前，都必须先明白自身对象的所有优缺点。而年轻人身上所展现出来的一切，是有别于传统消费观念的。

这是因为，年轻人有着很强大的消费能力。

这是年轻市场极具有发展潜质的一大关键因素。任何商品在上市之前，都需要先做市场调查，以确保投入和产出之间的比例关系。正因为年轻人的消费能力强，所以只要是符合年轻人消费理念的产品，就一定可以卖出好销量。

而消费能力这个词汇，其实还包含着多重概念。

一则是指年轻人在消费理念上有自己的独特性，对于自己中意的产品，宁可花大价钱也要把它买下。他们究竟是为了什么，才愿意花费如此大的手笔？他们动机是什么？是不是具有可复制性？

但在中国传统的消费模式的理念下，分期付款或者是信用卡透支等新概念的消费方式并不会被绝大多数人接受，甚至年轻人也概莫能外。

消费能力，所涉及的问题还包括另一项，也就是我们常说的购买力。在具备了消费观念之后，只有足够的经济实力才有可能让这一消费观念落到实处。也就是说，消费者必须存在购买力，才能让商家的销售策略得以成功运行。但购买力不仅仅只是受经济实力的驱动，它其实还要受到消费观念的反作用。

以诺基亚塞班系统的手机为例，当市场上最初出现触屏智能手机时，诺基亚以其高质量的手机占得先机。但随着智能手机迅速普及，再没有一个人愿意用没有WiFi、系统反应速度极慢的手机了。移动网络越来越成为人们随时随地发微博表心情的生活方式，塞班手机在终端应用上再无法俘获消费者的心。尤其是安卓的系统遍布天下时，手机早已经脱离了打电话、发短信的范畴，一款无法成为mini电脑的手机，早就在年轻消费观念之外了。这才有了机王诺基亚当今的衰落。

这是一个反面案例。当无法追随消费者的消费观念时，即便有低价格和高质量的诱惑，也永远无法在消费者购买力以内使其产生消费行为。因为年轻态的消费者在看重自己消费物品的使用价值的同时，更看重其是不是足够时尚，是不是能够给自己装点门面，这一点，是消费观念中最特殊的一点。他们从来不为使用某件东西而消费，而单纯地是为了消费而消费。所以要做年轻派的营销，需要给年轻态消费者推销的，永远都不是货物，而是概念，是一种意识的集合。充分发挥意识在这个过程中的能动作用，才是王道。

因此，只有重新打造一片天，才能够以此来吸引年轻人群。这一片天，

巨大的年轻态消费市场——才刚刚开始

是专门为年轻人开辟出来的战场。做，且只做，属于年轻人的专有品牌。

中国移动的动感地带已经是个老品牌了，但其在数年前的营销案例堪称经典。当短信还属于时尚词汇的时候，中国移动推出了动感地带这一款以大学生为主要目标的年轻人品牌，销售重点在于套餐中的短信量巨大，这极其符合拇指一族的消费理念。又因为请到了当红歌星周杰伦以及女子天团 S.H.E 做代言，其产生的影响力不容小觑。

动感地带的成功，完全抓住了年轻人的消费心态——不求最贵最好，只求最好玩。不论何时，这是一项永不会改变的消费理念。年轻人身上带有的是打破传统枷锁的气势，在整个营销活动中，当你试图用传统的理念和营销模式来给年轻人规定框架和定义的时候，那就已经注定这是一项失败的策划。年轻人需要的，是与众不同，是自己的专属。给这些年轻人重新定义一些符号，给他们重新打造一片有区别的天空，才是王者之道。

尽管在本质上来讲，所有的营销活动都是一样的，唯独不同的只是以何种形式表现出来。但恰恰正是因为表现方式的不同，就会注定不一样的结局。

以节假日大促销为例，当春节、元旦这些传统的商场打折季早已经人满为患的时候，年轻人却不会因为商场中的低价促销策略而产生任何购物冲动。相比起到各大商场中去看人，他们宁愿选择宅在家中消磨美剧或韩剧。

但在如同 11 月 11 日这样听起来有些怪异的日子前，年轻人却迎来了自己的狂欢节。"光棍节"的名号其实只是一个消费的引子，电商折扣促销才是真正的竞争。年轻人也是关注价格的，只不过他们更愿意做一只网虫，而不是商场中的虫子，虽然两种虫子都是奔着价格和商品而去，尽管网上商城依旧是人满为患，但只是做了一个战场的转移，消费群体就产生了质的改变。

任何营销团队根本不需要用消费心理学的观点去追究其中深层次的

原因，只需要从现实生活中的发现为切入点，就能把为年轻人重新打造一片天的任务完美完成。不论是销售形势、推销概念、价格吸引还是商品本身，最终要的一个结果只需要用六个字来概括：新鲜、理念、区别。

掌握了这六字方针，就足以把握住年轻消费的命脉。因为对于年轻人来说，他们厌烦枯燥乏味的数据说教，更不喜欢单调一致的产品形态，在他们的生活中，身边的一切一切都是可以转化的。不论是休闲生活还是工作事业，所有的事情都可以和喜好划上等号。

02 动荡的消费浪潮——席卷全世界

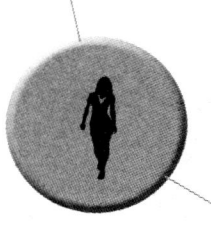

NIAN QING PAI
YING XIAO

除社会整个年轻化，80后、90后年轻人已经成为消费主流外，87%的家庭消费跟年轻人有关；年轻人的消费特征影响着他们的消费与购买，特征不明显针对年轻人的企业产品必须进行年轻化改造，才能赢得年轻消费者的喜欢，即使不是年轻人，年纪较大的消费者也倾向购买年轻化的品牌，品牌急需年轻化升级。你升级了吗？

而真正的年轻派营销，又岂止是抓住年轻消费者这么简单？只有让自身的营销理念活跃起来，才能把年轻态进行到底。

"打工一族"的消费苏醒

改革开放后，由于民营企业的兴起，大批的农民涌进城市，成为城市的第一批"打工族"。农民工文化教育水平普遍较低，没什么技能，仅靠出卖廉价的劳动力在城市里工作。几十年过去了，曾经怀着"赚大钱"美好梦想的农民工，仍然处于社会的底层，有改变的，只不过是陌生的生活环境。

随着城乡人口流动加剧，外地求学的趋势也越来越明显。当这些外地求学的学生毕业时，更多人选择留在城市里工作，于是，新一批的"打工族"诞生了。不同于以往的农民工，新一代的"打工族"是城市新生的力量，拥有一定的专业技能和知识储备，服务于民营企业，同时又区别于农民、国企职工、公务员。

这一群新生的打工族，有着和既往的打工人群不一样的身份，同时又和当地土著有着显著区别。他们受过高等教育，能够玩转各种时尚科技，他们甚至和刚刚毕业参加工作的你就已经隔出了一个代沟。总体说来，这一群人有以下五个方面的特征：

高学历、高素质

普通农民工进城是为了讨口饭吃，但高学历的打工者却是本着更为高档的娱乐休闲方式而来的。他们受过大城市的高等教育，体验过大城市四通八达的交通环境，当然同时也在忍受着同人才市场一样拥挤的恶劣交通。虽然他们有更高的文化素质，但彼此之间的角逐却也更为残酷。在蜗居和蚁族遍布的生存状况下，他们的未来或许会显得更为光明。可一切似乎又都是假象。

低收入

新一代打工族有着骄人的学历，但是在大城市生活，他们的收入却不容乐观。自己非但还没有从既有的竞争者中脱颖而出，就要面临着长江后浪推前浪的后果。所以为了生存，哪怕是低收入也必须得坚持。这就造成了打工族"高学历、低收入"的悲哀。考上大学终生受益的年代早已经一去不复返。"高学历、低收入"的悲哀，使得打工族落脚大城市的美梦只是看起来很漂亮，现状却很尴尬。

在大城市的高生活成本

挣得少是一方面，对于只身闯荡社会的打工族，生活在大城市是需要付出一定代价的。月收入几千，年薪都不够房子的首付，在大城市买房，靠自己的力量是不用奢望了。解决住宿问题，有两种选择，一种是蜗居在城市里面，二是居住在市郊，但却要每天忍受如同肉夹馍一般的公交系统。再除去房租外的水电和日常费用，每一个漂泊在北上广等城市的打工者都习惯地做起月光族。物价上涨，工资又提不上，花的钱总比赚的多。

动荡的消费浪潮——席卷全世界

呈现低龄化趋势

随着大学的扩招以及交通、信息等日益发达，人们也都更愿意到大城市去追逐风向，所以会有越来越多的人选择涌向大城市。更有在校学生利用假期也加入了短期打工的行列，这使得打工族的年龄越来越有偏低的趋势。与此同时，也就造成了对报酬的恶性压价，更使得生活在大城市中变成一件极为艰难的事情。

归属感的缺失

打工族最初都是怀抱梦想来到大城市的，他们希望能在大城市扎根，能有一套属于自己的房子，甚至可以有一辆小车；每个月都有一定的积蓄可以寄回去孝顺自己的父母，改善家里的生活条件；在城市生了小孩，可以接触到比家乡更好的教育环境，子女以后走进社会，有比自己更高的起点。但是大城市却让他们失望了，他们是典型的"高学历、低收入"，每个月都有可能资不抵债，哪来的钱孝顺父母。在城市工作了几年，连房子的首付都付不起，还不是天天租房。生个小孩都怕养不起，哪里还敢奢望给子女高水平的教育环境。他们在这里找不到归属感，好像大城市根本就容纳不下他们。

这才是最根本所在。

当打工一族意识苏醒的时候，他们就会掀起一场消费的动荡。因为梦想和现实之间存在不可抹去的差距，这一群年轻人只有两条路可以选：一是省吃俭用还房贷车贷，二是安心回老家去过平稳的日子。然而在消费面前，任何一个消费者都不是理智型的。他们所谓的理智，只是建立在付出和购买之间的一种简单的金钱比，没有一个消费者对整个行业的利润有明确清晰的概念，因此只要把销售的价格控制在他们可以接受的范围之内，就有使之产生消费行为的可能性。

而真正能让消费者血拼到底的商品，从来都不是只因为价格。打工一族缺少的是归属感，商家乃至商品本身，给他们提供的正是最需要的东西——附加在商品上的情感值。如可口可乐在春节期间的广告，从来都不会宣传自己的口感是多么好，而是只提到全家人聚在一起喝可口可乐时候幸福的味道。另如德芙巧克力，让你品尝到的是丝绸般的润滑，是给每一个潜在消费者以触觉上的体验。肯德基在冬季热饮上市的时候，以"这个冬天谁陪你一起二"为宣传语，鼓励所有消费者——尤以在大城市的打工族——努力去寻找能够和你一起共同放肆青春的人。因为在冰冷的冬季，在比天气还要冰冷的人情社会中，打工族缺少的是对梦想的激励，是对友情共鸣的追寻。

一件商品，尤其是对于年轻消费者来说，它的使用价值和附加情感价值往往是不分伯仲的。打工一族最需要的是从不切实际的梦想中苏醒过来，是在现实中找到更好的心理依托。这一点，恰恰也正是年轻派营销需要去做到的首要内容。

因为得消费者，才能得营销之天下。而打工一族，还仅仅只是年轻消费者的九牛一毛。

80后，是一种态度

如果非要在年轻人中选出更具有代表性的群体，那么就非80后莫属。如今，相继奔三的80后们的势力已经成功渗入到各个领域中的主流力量团体中，对市场营销的影响力也越来越大。他们是当今消费的最主力军团，研究80后群体的消费心理和消费行为是时不我待的事情。

80后一代具有独立个性、有思想、追求酷、彰显个人本色，这一切与目前的主流营销观念——体验营销与象征性营销思想十分吻合。

按照年代的定义来区分，80后很显然是属于80年代出生的人的专有名词。但其实可以把范围稍微放宽一点，于70年代末期或者90年代早期出生的人群，他们和80后在生长环境和社会经验上有着很大的相似性，并且在心理成熟力方面的差距也不是很大，所以可以统一划归到80后的团队中。

但很显然，80后的实质意义远远不是字面意义解释那么简单，它代表的是一种文化、一种现象。他们存有从小到大眼见祖国由相对困难落后直至今天成就的完整记忆，度过了没有高科技围绕，没多少物质生活享受却简单充实，在今天看来珍贵特别的童年时代，以及率先跨入中国的信息新时代前沿接触新生事物，成为新千年第一批彰显个性的族群的少年时代。

因此，我们可以简言以概之，在整个营销体系中的80后，其实只是一个概念，是一种市场行为的态度，是以80后的心态来进行营销行为的方式。给消费者他们最需要的，是营销的基本。所以80后的年轻态营销自然也是要适应80后消费主力军的消费心态的。

80后一代是伴随着改革开放一起长大的，改革开放也赋予了80后鲜明的性格特点：

包容性强

改革开放最大的特点之一是向世界开放。中国人开始走出去，世界人民走进来。从表面的人口流动到深层次的思想文化方面的交流，80后一方面受着中国最正宗的传统文化的熏染，另一方面也因互联网等先进媒介而更加了解到国外的生存状况。因此可以说80后是一个综合体，在他们的身上你可以找到无数个激发消费行为的点去宣传。

唯一要记住的是，永远都不要把你的消费者当作是傻瓜，在很多方面，他们可能比专家还要懂得更多。最讨巧的营销方式是化解潜在消费者心中对某款商品的矛盾，而不是挑起其与竞争对手之间的矛盾，否则便会功亏一篑。就像是生产商和销售商为了保持共同的利润水平而形成价格联盟一样，一旦让消费者识破了生产成本和销售价格之间存在的天价利润，生产商和销售商都会因此而遭受到舆论的无情攻击，甚至可以让一个厂家破产。80后虽然具有无上的包容性，但却更具有对真相的追求精神。这是因为，他们每一个人都是以自我为中心，世界永远都不要想欺骗他们中的任何一个人。

以自我为中心

因为80后大部分都是独生子女，他们被父母宠爱，以自我为中心，养成了被认为是自私的个性，不太顾及别人的利益和感受，父母对他们的过分容忍养成了他们的霸王个性。这种性格必定是有利有弊，但对于营销者来讲，要抓住的重点在于，你的商品究竟是卖给谁？是卖给整个群体，还是卖给某个特定的个人？80后没有人喜欢和别人一样，所以，在开始所有的营销行动之前，快从自己商品的身上找到与众不同的卖点吧。否则，只是在大海中又多撒了一把盐。

理性和感性的平衡

80后的一代人，以自我为中心是他们最大的优点和缺点。80后的包容性大多停留在思想上，是言论，但却不是实际行动。所以在理性和感性之间，80后总是存在难以抉择的问题。

理性来讲，在他们工资尚且不多、生活压力很大的前提下，理应先保证自己的恩格尔系数，以吃穿住行为最主要的内容。但在感情上，他们没有一个人心甘情愿被时代抛下，因此才会让卖肾买iPhone的新闻成为头条。商家在做营销推广的时候也要明确地指出，使用该款产品能够给消费者带来什么样的心理感受，而并不只是单纯的价格吸引。这时候，做限量发售往往是最吸引人的好手段。小米手机上市的时候便是借此而获得大量盈利的。

但如果能够在价格和与众不同的款式上做出更好的平衡，似乎便是最完美的解决方法。于是在国产智能手机的技术越来越成熟的今天，年轻消费者也有了更多的在自己承受能力之内的选择。只不过这些选择最后的结果如何，恐怕还要留待时间去考验。

崇尚创新，勇于挑战

80后是喜欢问为什么并怀疑一切存在的一代，他们在寻找这些存在背后的合理性，如果发现不了合理性，他们就会按照自己的理性来重建秩序，因此才会有当年腾讯和360之间的网络之战，因此才会有现如今各大智能手机厂商之间相互揭短的混乱。因此我们可以发现，凡是对80后产生恐惧的人，很多是有着固定的权威，不太愿意使既定秩序改变的人。80后对整个消费市场的影响不仅仅是让哪一个商家多赚少赢的问题，而是他们直接用自己的信条搅乱了整个市场的局。

只有乱世才能出英雄，这恰恰也正是给所有的商家和厂家提个醒。80后消费者消费的是态度，而80后的年轻派营销所经营的便是理念。在消费动荡的年代，唯金钱论的营销必定会石沉大海，在一片混战中永远都需要一个意见领袖，领导出一片新的未来。

拥有更多对未来的主导性

80后是一直亲眼见证着当代中国在改革开放后日渐发展崛起并与之一同成长的特殊的新一代，因此他们的精神和生活状态也发生着巨大的变化。也可以略微片面地说，80后的成长就是改革开放的成长，80后身上存在的弊端也鲜明地体现在整个改革开放中。

所以关于未来，80后比所有的人都更具有发言权。尽管现如今80后已经越来越成为社会的主流，但职业对他们来说并不是一个稳定的词汇。由于刚刚踏入社会不久，80后的年轻人都希望将来有好的发展，而不是一味追求稳定，这与80后一代乐于接受挑战的性格也不无关系，所以他们依旧只能拿着相对微薄的工资来养家糊口，但同时却并没有少了对高品质生活的追求。80后对生活的品位起点很高，注重生活品质，这也导致很多年轻人"入不敷出"，出现了"月光族""啃老族"等新兴群体。

年轻派营销咨询机构研究认为，80后虽然是一个极大的潜在消费群体，但他们的消费并不全部都是由自己来埋单。不管是学生还是走进了社会的新鲜人，80后都还未在身心上达到成熟，面对买房、买车、结婚等重大开支，80后大多数仍无法实现独立。

美国著名消费者行为学家M.R.所罗门认为：改变消费者行为的许多生活方式都是由年轻消费者所推动的，他们不断地重新定义什么是最热门的而什么又不是。所以今天的营销界普遍认为：要想超越下一次浪潮，必须比竞争对手先想到消费者心里去。

因此，我们认为针对于80后的消费者来讲，只有引领了他们与众不同的消费概念，才能够主导商家自己的未来。

如80后喜欢多变、刺激、新颖的生活方式，他们对商品的忠诚度一般不高，他们对新品牌很快会厌倦而转向其他品牌，广告策划特别是广告创意一定要注意新颖独到，广告宣传要做到有时代感和渲染力强，要不断地变换产品包装和广告形式，以保持品牌的活力，在广告中设置他们喜欢的传播议题以引起他们的兴趣与满足。将广告产品与流行音乐、影视明星、体育明星等联系就是针对这一群体进行广告宣传的有效方式。尽管80后的品牌信仰比较薄弱，但这个群体对于偶像的痴迷程度却足以让人吃惊。而品牌也由此找到一条聚拢80后的有效途径，那就是利用80后群体认同的个性偶像的影响强力拉动。表面上看起来，这似乎和寻常的品牌寻找代言人并没有什么不同，但是需要重点指出的是，要寻找一个能拥有大量80后粉丝的偶像并不那么容易。偶像中其实也存在泡沫，如果"形似神不似"，根本不会受到80后的拥戴。

因为80后群体在追求偶像的过程中，虽然也历经过疯狂迷恋的阶段，但他们已经不再是青春期的懵懂小孩，社会给了他们更多的自我理念，不论是对偶像还是对商品，他们选择的标准只有一个，那就是"我选择我喜欢"。在大营销的概念下，偶像也是商品的一种特殊类型。在80后选择的过程中，很少出现"好"与"不好"的概念，多数情况下都是被"喜欢"与"不喜欢"代替。这也凸显了情感价值在80后消费中的重要性，即他们所追求的是产品或服务能提供的一种感觉或附加价值。因此，在广告与品牌沟通中，传播与沟通的重点是体验产品与品牌价值，具体包括显示身份或阶层的象征、美的感受、时尚与先锋、好玩及趣味性、潮流或流行性等。

当网络游戏在80后的群体中风靡时，可口可乐联合暴雪娱乐与第九城市的《魔兽世界》展开了营销攻势。之后，不仅在上海举办近万名年轻人参加的嘉年华派对"要爽由自己，冰火暴风城"，还展开历时两个月的全国市场推广活动，活动区域涉及全国50个城市，一系列的营销变脸，让可口可乐在市场上大获成功。在可口可乐大获成功的同时，百事可乐立马联手上海盛大的《传奇》，强化"最年轻的"饮料定位。

看似这是两大饮料品牌和两大游戏品牌之间的对战，实则却是整个营销活动对自身的颠覆。从之前比较少考虑受众接受媒介的方式到当下以受众随时可以见到的媒介为载体，营销活动也正在逐渐地把自己80后化。

如果营销活动不能够紧紧跟上80后的潮流，再多的宣传也可能造成巨大的浪费。

80后的群体很少看报纸，但印刷精良且有他们热衷的体育或者娱乐明星做封面的杂志却对他们很有吸引力。他们很少看电视新闻，但精彩的娱乐节目，如超级女声的选秀，却会大大影响他们中一批人。如果能够把广告投放在这些节目中，必定会极大地加深受众对品牌的印象。2012年夏天火爆荧屏的好声音，同时也带火了三个字——加多宝。所以在好声音第二季还没有开播的时候，加多宝就再次砸下重金以求获得下一季的冠名权，其从第一季中获得的利润也可想而知。

80后的生活节奏相对较快，接触传统媒体的时间日益减少，如果能很好地利用移动电话、交通移动电视等新兴的广告媒体，广告客户和广告公司就可以更成功地实现广告目标受众的到达率，提升广告的记忆度，甚至为受众与品牌之间的互动提供了平台。当今影院上映的大片相继在公交和地铁站牌上做起了灯箱广告便是鲜明的例子。只需要在等车的时候略看一眼，就能知道当下影院中在上映什么，这是恰恰满足了80后对时间的节省以及对娱乐的追求。

因此，在探讨如何才能够更好地紧抓住80后年轻消费群体的时候，所有的营销活动都需要做到以下几个概念：

1. 创意开路，避免盲目。
2. 迎合需求，彰显个性。
3. 加强互动，体验营销。

总之，针对80后一代的广告营销策略的关键点就是要超越常规。要做年轻派营销，就先要让自己的思维比年轻人更年轻。营销活动并不只是针对某个群体或者某款产品而进行，而是营销整个消费群体的消费理念，只有比消费者拥有更多的对未来的主导性，才能在瞬息万变的年轻消费市场上走在前列。80后领导的是社会的未来，而年轻派营销领导的则是80后的生活。

年轻，是什么？

年轻人是一个"矛盾"的社会体，他们非常多元、复杂，他们身上有很多对立与冲突。很显然，我们已经无法用一个形容词去笼统地形容他们，如时尚、个性、张扬。对年轻人进行辨别和分类，从价值观、生活方式、年轻人亚文化特征等来对年轻人进行研究，即使归类不太正确，也能让商家和企业对年轻人有更深的了解。在除了传统意义上的"外来户"以及80后之外，年轻人还有更广泛的意义，尤其不能够忽略的一个群体是女性年轻人。

小年轻人并不等于小市场

这个人群抑或是学生，抑或是刚走入社会，他们绝大多数收入不稳定甚至没有收入。因为年龄偏少，所以被划归到小年轻人的行列中。他们有着和大多数年轻人一样对未来的渴望，但却没有80后那般相对独立的经济。他们其实正处在人生转型期，一方面开始逐渐地明白了世界和自己，另一方面因为过于强烈的好奇感以及对时尚的追求，所以也一直都力图能够站在时代的前列，引导消费潮流。这一类人群中，有很大一部分家庭是他们消费的强大后盾。

很显然，年龄属性决定了他们追求时尚，而经济属性又决定了他们追求实用。所以想要迎合这一部分的年轻消费群体，就应该在时尚和实用两个方面的平衡点上下工夫。当今大行其道的国产手机便是最好的典范。

背负家庭负担的中年年轻人

是的，我们还可以称他们为年轻人，但其实他们早已经步入了结婚生子的年纪。正是因为这个特殊属性，这一人群在消费上是以家庭需求为主，小孩需求为重，最后才是自己的穿着和娱乐享受。纵然这一类人群有着相当可观的收入，纵然他们对精神方面的追求也是孜孜不倦，并且有着很高的标准，但他们却只能一方面望洋兴叹，另一方面又有些被逼无奈。所以针对这一群人，价格从来都不是首要考虑的因素，任何营销活动都需要抓住重点，对他们来说，重点就是家庭和新生儿。你对一个女人宣传玫瑰花的重要性，远远不如和一个男人讲送玫瑰花的浪漫。

忠实的成熟年轻人

实话实说，你把这一类人无论是划归到年轻人、中年人甚至是老年人的群体中，都是可以说得通的。因为年龄的成熟，他们在长期的消费生活中形成了比较稳定的态度倾向和习惯化的行为方式。他们对品牌偏好一旦形成，就很难轻易改变。这一点都不像是年轻人应该具有的特征，甚至还有些相悖。但偏偏这是一个从来都不服老的人群，他们愿意花大价钱去购买营养品，甚至是到美容院美容，也希望自己能够永葆年轻态。

因为生理机能的演变，这一年龄阶段的消费者对健康更加关注，对健康食品和用品的需求量也大大增加，需求结构开始发生变化，对穿着以及其他奢侈品方面的支出大大减少，而对健身娱乐、特殊兴趣嗜好、旅游观光等方面的消费明显增加。至于在营销方面，相信任何一个企业或者营销团队都不会硬生生地把年龄的问题抛在这群人面前，否则那无异于自讨苦吃。

最难搞定却是女性年轻人

女性在所有的消费活动中都具有特殊性。据调查，女性消费行为占整个消费的 80% 左右。而女性在家庭中的属性也决定了她们必须要承担起"家庭购买员"的责任。所以不论是女性用品、男性用品、儿童用品、老年用品还是家庭生活用品，她们永远都是最好的宣传对象。

但女性从来都不是只看广告的人群，她们更加感性，对商品的包装、款式和色彩也更加挑剔，甚至在购物时候的感情冲动也更加强烈，特别是在给丈夫、子女、父母购买商品时。并且现如今的女性大都处于在职状态，她们一方面要负担极为沉重的工作，另一方面还要承担大部分的家务劳动，所以对所售商品的便利性要求很强。

针对这些特点，在任何产品进行营销活动的时候都必须要考虑到女性的因素。如清扬男士沐浴乳的广告中，加入了女性对男性沐浴之后气味的感受，一方面提醒男士要注重自身的仪态，另一方面又恰好地引入了女性的角色。由此也证明，女性的势力已经大大超越了半边天，是不容忽视的。

除此以外，对年轻人进行分类的方式还有以资金状况来划分为基本无收入的学生群体、收入低的打工族、收入中等的白领、收入颇丰的富二代。这四种类型的人群虽然在财产上有很大的不同，却共同拥有着对于时尚和科技的追求，只不过是在消费方式上存在一定的差异。因此这也就提醒我们，营销活动可能会面临着各种不同的年轻消费者，可以简单地以价格来区分产品和消费群体，但却不可以根据价格来区分营销概念。因为年轻人从来都是一个整体，隐藏在金钱和物质之下的对梦想和个性的追逐，是从来都没有任何区别的。

年轻，究竟是什么？它不是可以用金钱和当下的社会地位来衡量的一种东西。真正的年轻，其实是一种心态。在消费者身上，他们希望能够用金钱换来自己对时尚和科技的不落伍；那么在经营者身上，他们则是希望用自己的科技换来更年轻消费人群的青睐；对于整个的营销活动而言，希望的则是消费者和企业双方都能够保持更为积极的姿态去使彼此间的交易活动成功达成，并且还将会有所延续。不论是哪一方，秉持着年轻永远都是促使自己不断行动的一种理念，和年龄无关，和身份无关。真正的年轻以及年轻派浪潮，并不是要掀起一场消费的动荡，而是能够让整个消费更加合理有序地进行。只不过，他们一直在寻找更加适合自己的秩序。

与此同时，年轻派营销活动也是在慢慢摸索适合年轻消费者的口味。时代总是在变，自然也还会有比年轻人更年轻的一代出现。年轻态的营销，就是要一直保持着对这个目标的追逐。因为即便有一天你当下服务的年轻人老去了，营销却始终不能就此也放慢自己的脚步，否则就将要失去下一个年轻市场了。

不做老少通吃的汉堡

年轻一代究竟代表着什么？

很显然，"年轻"并不是80后专有的名词。他们上有迟迟不肯老去的70后，下有虎视眈眈的90后。在三年就能隔出一代人的今天，从70后到80后，甚至会差出30年的光阴，这其中存在的差距确实会让每一个营销者感到头疼。因为从来都不存在一则万能的广告可以老少通吃。或许，研究不同的年龄阶段人群的不同特点，对整个营销活动在目标和方式上的选择有极大的提示意义。

家庭角色越来越占主导地位（如图2-1）

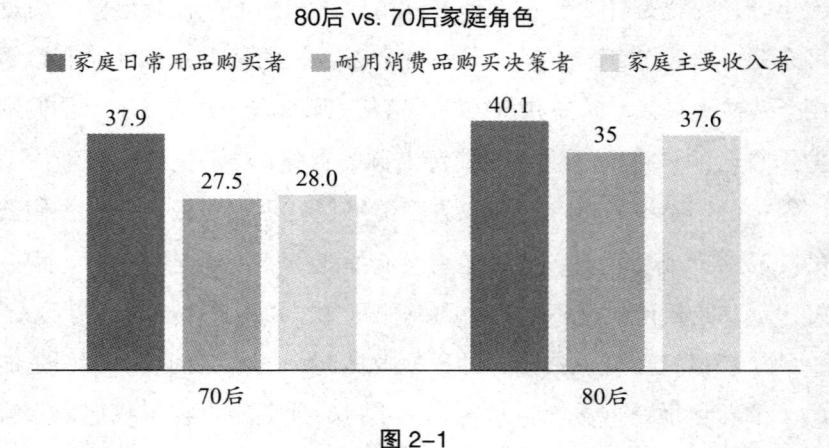

80后 vs. 70后家庭角色

家庭角色	70后	80后
家庭日常用品购买者	37.9	40.1
耐用消费品购买决策者	27.5	35
家庭主要收入者	28.0	37.6

图2-1

数据来源：中国市场与媒体研究 CMMS2001，CMMS2009A

相比70后来说，80后无论是在收入方面，还是消费决策方面，所扮演的角色越来越重要。这是社会的必然趋势，所以在营销活动中其实更应该看重80后的选择。但这并不等于说80后就已经是天下的掌管者，在他们尚没有足够的能力去消费大件产品如房子、车子时，营销的主要对象自然而然地就会转移到上一代人的身上。此时，打一副亲情关爱牌便是一个相当不错的选择。也就是说，在选择何种营销方式时，重点还是要巧妙地选择营销对象是属于哪一个阵营。

生活态度的差异（如图2-2）

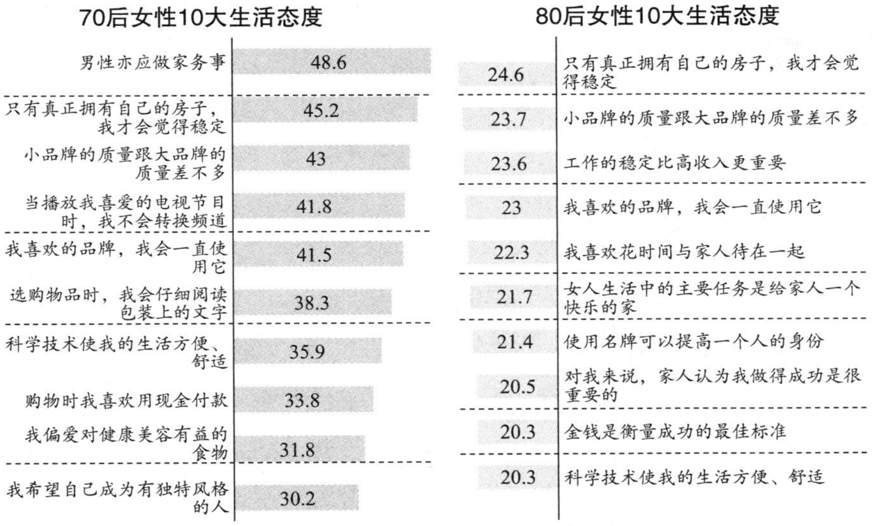

70后女性10大生活态度		80后女性10大生活态度	
男性亦应做家务事	48.6	只有真正拥有自己的房子，我才会觉得稳定	24.6
只有真正拥有自己的房子，我才会觉得稳定	45.2	小品牌的质量跟大品牌的质量差不多	23.7
小品牌的质量跟大品牌的质量差不多	43	工作的稳定比高收入更重要	23.6
当播放我喜爱的电视节目时，我不会转换频道	41.8	我喜欢的品牌，我会一直使用它	23
我喜欢的品牌，我会一直使用它	41.5	我喜欢花时间与家人待在一起	22.3
选购物品时，我会仔细阅读包装上的文字	38.3	女人生活中的主要任务是给家人一个快乐的家	21.7
科学技术使我的生活方便、舒适	35.9	使用名牌可以提高一个人的身份	21.4
购物时我喜欢用现金付款	33.8	对我来说，家人认为我做得成功是很重要的	20.5
我偏爱对健康美容有益的食物	31.8	金钱是衡量成功的最佳标准	20.3
我希望自己成为有独特风格的人	30.2	科学技术使我的生活方便、舒适	20.3

数据来源：中国市场与媒体研究CMMS2001　　数据来源：中国市场与媒体研究CMMS2009A

图2-2

虽然讲的好似生活态度，但其实可以引申出不同年代人的不同消费态度。由图中的对比可以看出，70后的消费者虽然也有追求时尚的概念，但却依旧更多地被传统的枷锁束缚。因此针对他们的生活方式就要选择更为传统的营销模式，不论是媒介的选择还是文案的敲定，都要尽量以理性的数字化的概念来说服消费者。而80后却恰恰相反，理智对他们来说是一个永远都会失灵的魔杖，想要俘获80后的心，还得靠情感。

三代人的金钱观（如图 2-3）

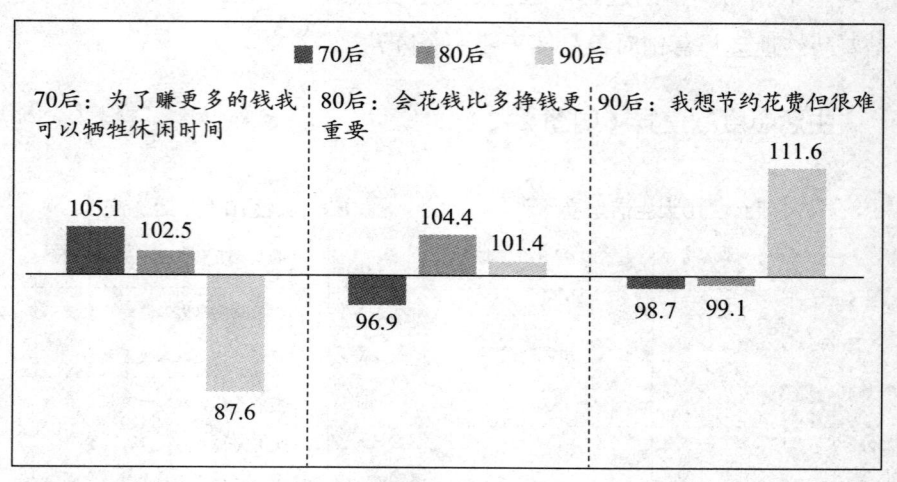

图 2-3

数据来源：中国市场与媒体研究 CMMS2009A

70后努力赚钱，80后精明花钱，90后省不下钱，这是三代人不同的消费状态。所以在购买上，70后也就更加偏重于精打细算地购买有更多实用价值的物品；80后则会对自己每一次的购买都有一份心知肚明的小九九，可能外人看来毫无用处的东西却是他们最难舍弃的物品；90后完全属于花钱没有节制的群体，他们现在并没有太多的挣钱能力，但却是60年代生人积累的财富的最大受益者。

由此也可以得出来的结论是，针对70、80后两个完全靠着自己的能力去拼搏的群体，所有的营销手段都必须巧妙地避开价格难题，而针对90后则根本无需考虑价格问题。

三代人的休闲观（如图 2-4）

70后泡电视，80后爱唱K，90后痴迷于网络。这三种状态很简单也很明了，更是直接告诉了营销团队在针对不同人群做活动的时候对于媒介该如何选择。

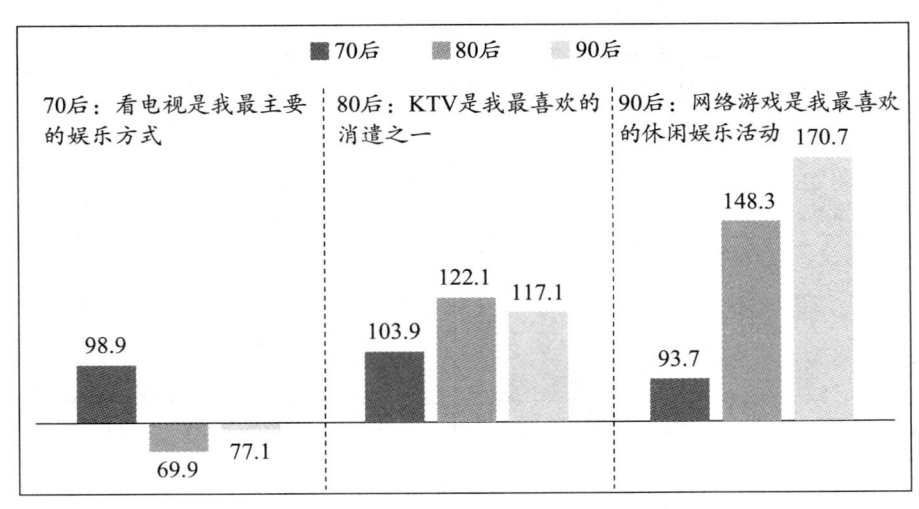

	70后	80后	90后
70后：看电视是我最主要的娱乐方式	98.9	69.9	77.1
80后：KTV是我最喜欢的消遣之一	103.9	122.1	117.1
90后：网络游戏是我最喜欢的休闲娱乐活动	93.7	148.3	170.7

图 2-4

70后、80后、90后，这是三个生于不同年代的人群。尽管他们都属于年轻人的群体概念，但却因为年代的差异而在消费方式上有着显著的不同。因此营销活动也需要根据不同的群体来确定不同的营销方式，永远不要妄想做出一份老少通吃的汉堡，要记住，快餐从来都是没有营养的垃圾食品，可以当作一时充饥的食品，但如果长期吃下去，必定会伤了身体。

由此，就更需要了解不同年龄层的人群的不同生活和消费习惯了。

70后：奋斗的一代

特征1：他们有一定的经济基础，在行为做事方面比较独立、自信。（如图 2-5）

特征2：他们逐渐成为一家之主，可能上有老、下有小，负担比较重，消费谨慎。（如图 2-6）

特征3：这一代人的家庭观念比较强，为人父为人母的他们非常注重家庭。（如图 2-7）

特征4：随着责任负担的加大和年龄的增长，他们对健康逐渐关注。

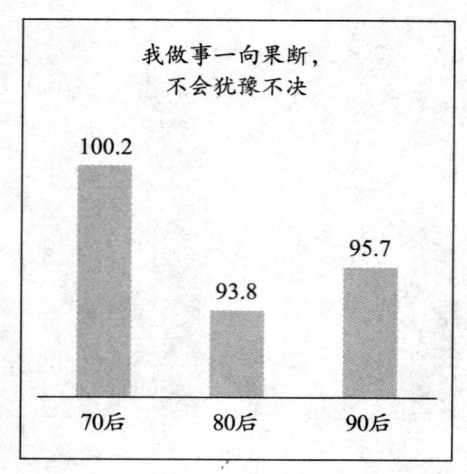

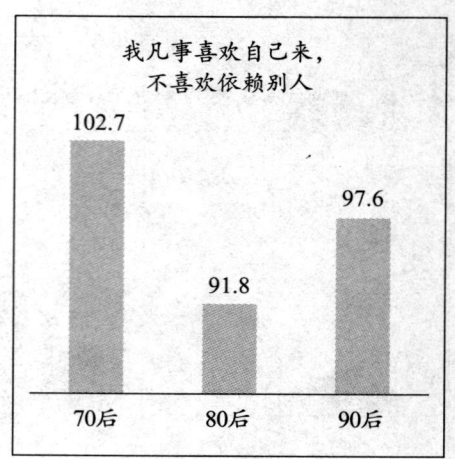

我做事一向果断，不会犹豫不决	我凡事喜欢自己来，不喜欢依赖别人
70后 100.2 / 80后 93.8 / 90后 95.7	70后 102.7 / 80后 91.8 / 90后 97.6

图 2-5

数据来源：中国市场与媒体研究 CMMS2009A

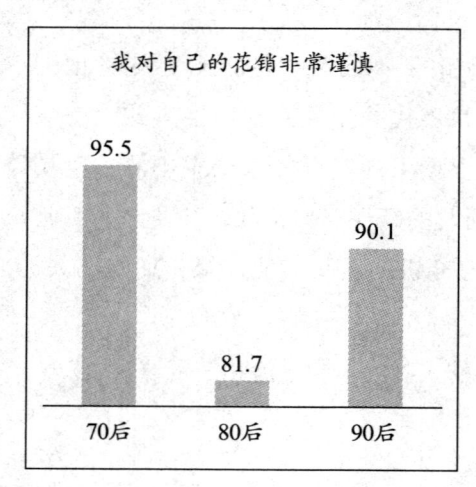

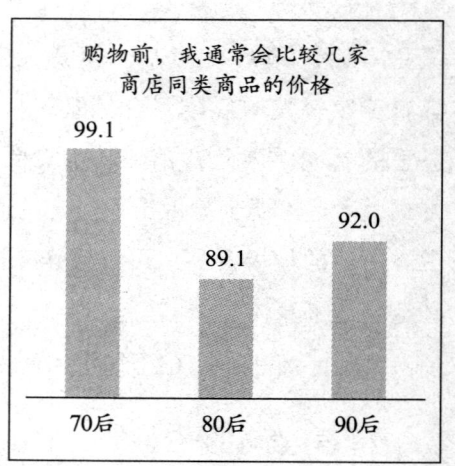

我对自己的花销非常谨慎	购物前，我通常会比较几家商店同类商品的价格
70后 95.5 / 80后 81.7 / 90后 90.1	70后 99.1 / 80后 89.1 / 90后 92.0

图 2-6

数据来源：中国市场与媒体研究 CMMS2009A

（如图 2-8）

所以，在针对70后做营销活动的时候，不需要再使用带有享受的字眼。生活的重担早已经把他们压得喘不过气，他们只是希望生活能够安安稳稳地进行着，不要有大波大浪。有些人依旧还没有实现当初的梦想，所以就更需要用奋斗来激励这群人。因为即便生活再不易，他们也都要

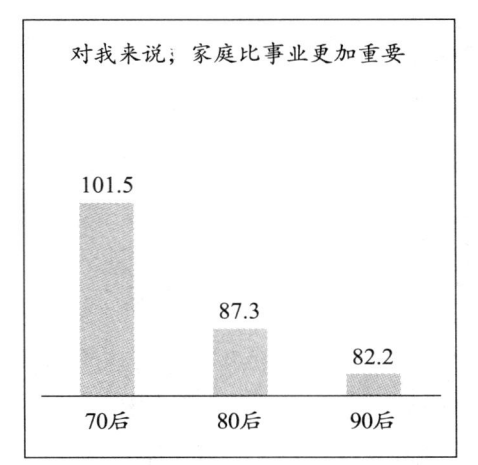

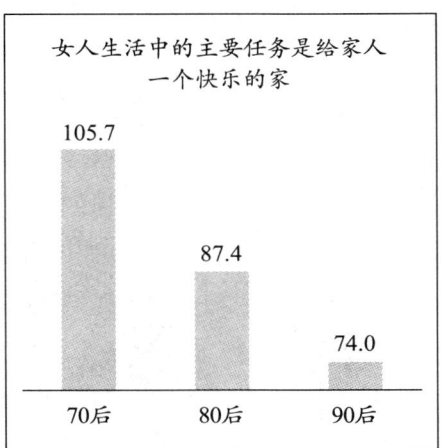

对我来说，家庭比事业更加重要	女人生活中的主要任务是给家人一个快乐的家
70后 101.5　80后 87.3　90后 82.2	70后 105.7　80后 87.4　90后 74.0

图 2-7

数据来源：中国市场与媒体研究 CMMS2009A

■70后　■80后　■90后

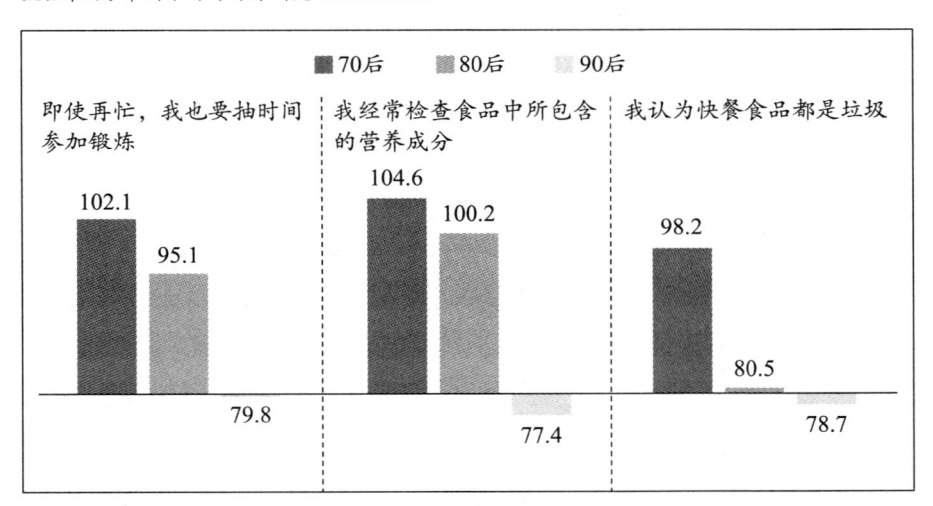

即使再忙，我也要抽时间参加锻炼	我经常检查食品中所包含的营养成分	我认为快餐食品都是垃圾
70后 102.1　80后 95.1　90后 79.8	70后 104.6　80后 100.2　90后 77.4	70后 98.2　80后 80.5　90后 78.7

图 2-8

数据来源：中国市场与媒体研究 CMMS2009A

去承担起来。70后的营销，需要的是和现实接轨。

80后：懂得享受的一代

特征1：自信、有承担风险的勇气，懂得把握时机（如图2-9）

年轻派营销

■ 70后　■ 80后　■ 90后

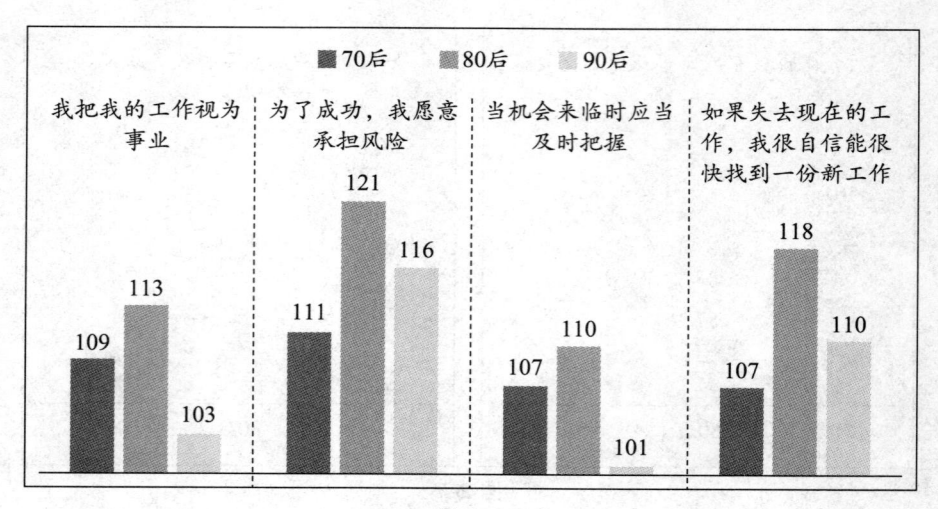

我把我的工作视为事业	为了成功，我愿意承担风险	当机会来临时应当及时把握	如果失去现在的工作，我很自信能很快找到一份新工作
109 / 113 / 103	111 / 121 / 116	107 / 110 / 101	107 / 118 / 110

图 2-9

数据来源：中国市场与媒体研究 CMMS2009A

特征 2：懂得享受，注重生活品质（如图 2-10）

■ 70后　■ 80后　■ 90后

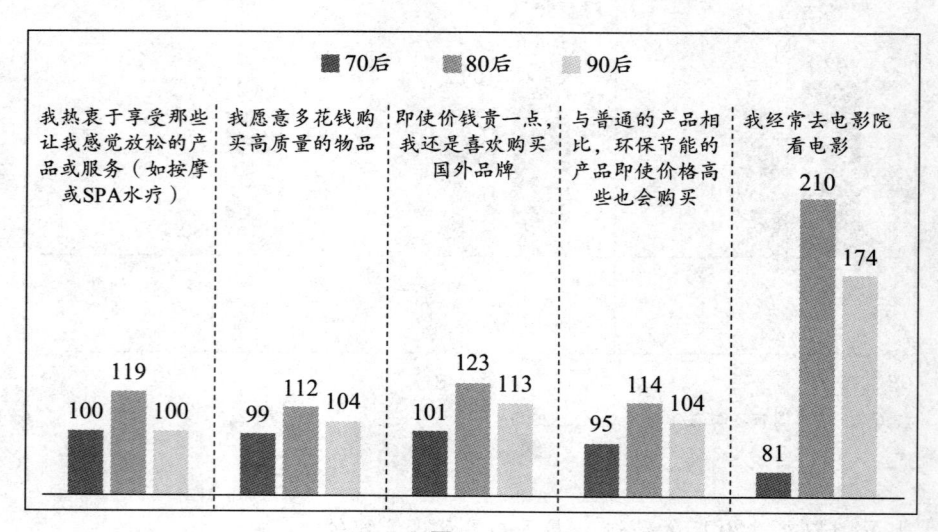

我热衷于享受那些让我感觉放松的产品或服务（如按摩或SPA水疗）	我愿意多花钱购买高质量的物品	即使价钱贵一点，我还是喜欢购买国外品牌	与普通的产品相比，环保节能的产品即使价格高些也会购买	我经常去电影院看电影
100 / 119 / 100	99 / 112 / 104	101 / 123 / 113	95 / 114 / 104	81 / 210 / 174

图 2-10

数据来源：中国市场与媒体研究 CMMS2009A

特征3：追求时髦，注重他人认同（如图2-11）

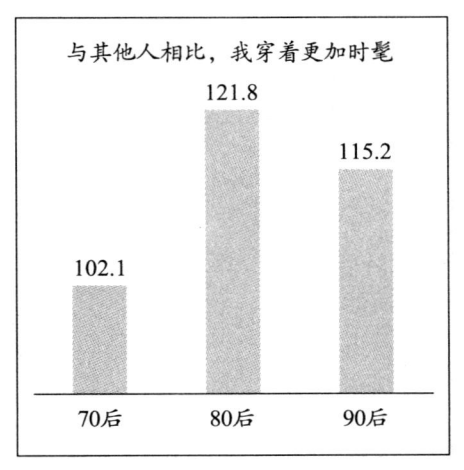

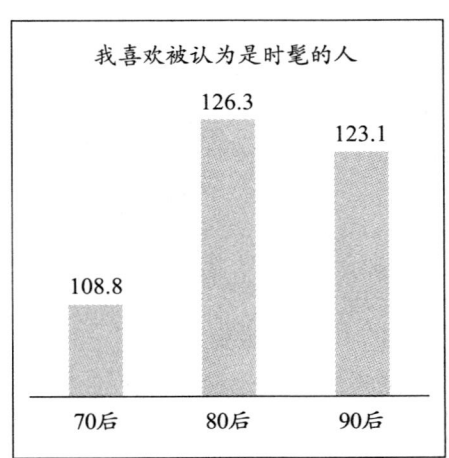

与其他人相比，我穿着更加时髦	我喜欢被认为是时髦的人
70后 102.1 / 80后 121.8 / 90后 115.2	70后 108.8 / 80后 126.3 / 90后 123.1

图 2-11

数据来源：中国市场与媒体研究 CMMS2009A

特征4：时代潮流的领跑者（如图2-12）

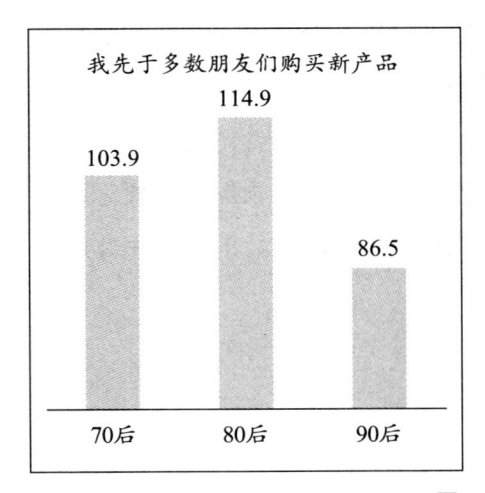

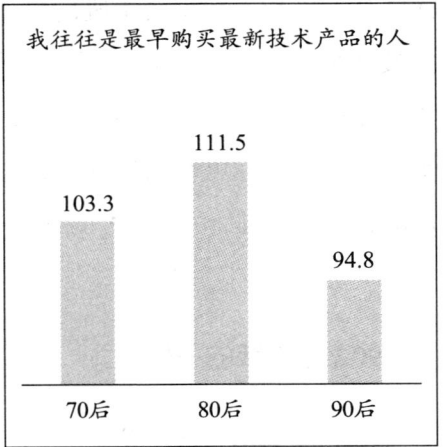

我先于多数朋友们购买新产品	我往往是最早购买最新技术产品的人
70后 103.9 / 80后 114.9 / 90后 86.5	70后 103.3 / 80后 111.5 / 90后 94.8

图 2-12

数据来源：中国市场与媒体研究 CMMS2009A

特征5：意见领袖（如图2-13）

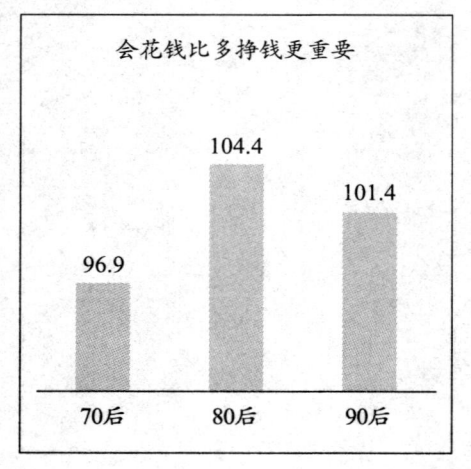

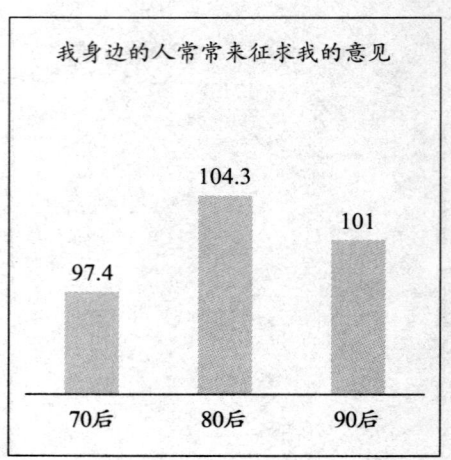

```
会花钱比多挣钱更重要                    我身边的人常常来征求我的意见

     104.4                                    104.3
96.9        101.4                       97.4        101
70后   80后   90后                      70后   80后   90后
```

图 2-13

数据来源：中国市场与媒体研究 CMMS2009A

　　80后的消费群体的特征很明显。他们身上体现出来的逐渐臻于成熟的社会影响力和稚气未脱的青春气息完美融合，也是现实和理想得到最佳平衡的一个年代。所以，在针对80后做营销活动的时候，需要关注的一个名词叫"梦想"。给他们一个梦想支点，他们将撬动整个地球。不论你以什么样的方式去进行营销活动，永远都不要忘记自己的目标受众是80后，否则你将会很残忍地被80后的消费团体所抛弃。

90后：自我的一代

　　特征1：充满向往，思维开放，涉猎广泛（如图2-14）

　　特征2：喜欢尝试，追求刺激（如图2-15）

　　特征3：快生活（如图2-16）

　　特征4：矛盾、自我膨胀、急需他人认可，却缺乏自主能力，喜欢团体活动（如图2-17）

02 动荡的消费浪潮——席卷全世界

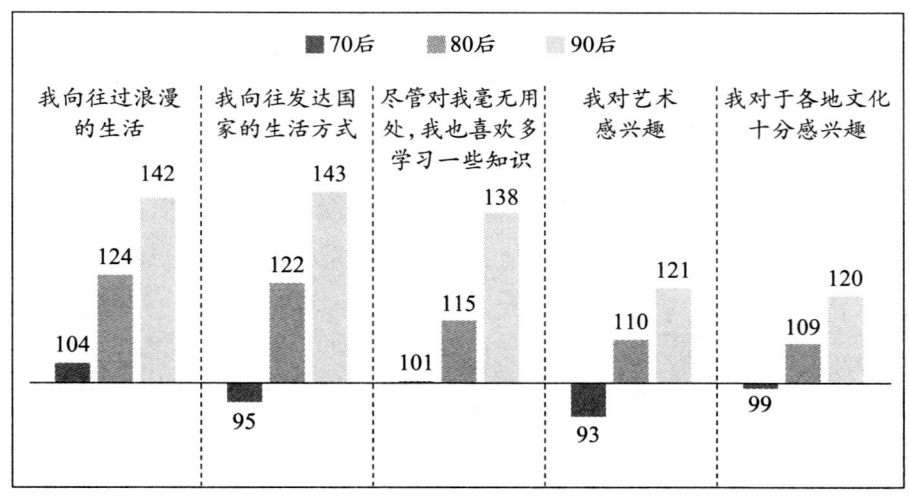

■ 70后　■ 80后　■ 90后

我向往过浪漫的生活	我向往发达国家的生活方式	尽管对我毫无用处，我也喜欢多学习一些知识	我对艺术感兴趣	我对于各地文化十分感兴趣
104 / 124 / 142	95 / 122 / 143	101 / 115 / 138	93 / 110 / 121	99 / 109 / 120

图 2-14

数据来源：中国市场与媒体研究 CMMS2009A

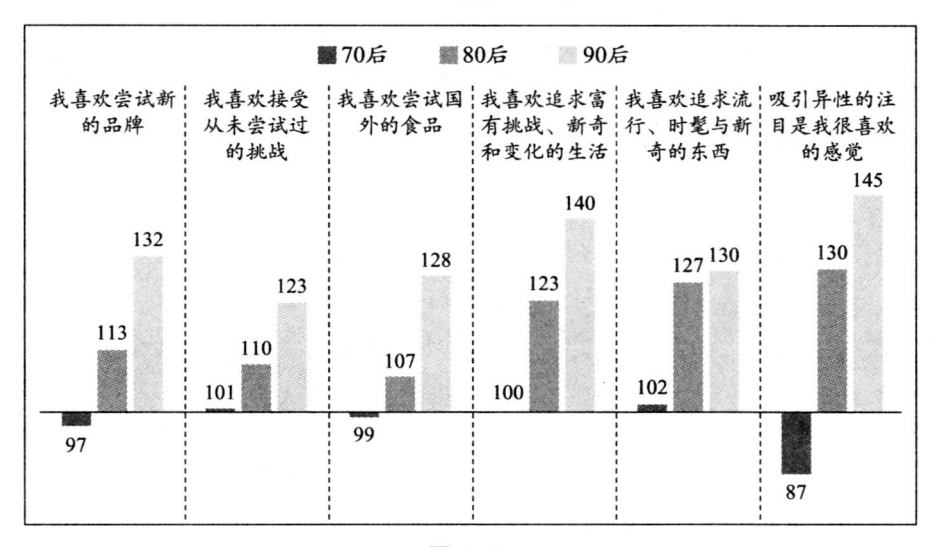

■ 70后　■ 80后　■ 90后

我喜欢尝试新的品牌	我喜欢接受从未尝试过的挑战	我喜欢尝试国外的食品	我喜欢追求富有挑战、新奇和变化的生活	我喜欢追求流行、时髦与新奇的东西	吸引异性的注目是我很喜欢的感觉
97 / 113 / 132	101 / 110 / 123	99 / 107 / 128	100 / 123 / 140	102 / 127 / 130	87 / 130 / 145

图 2-15

数据来源：中国市场与媒体研究 CMMS2009A

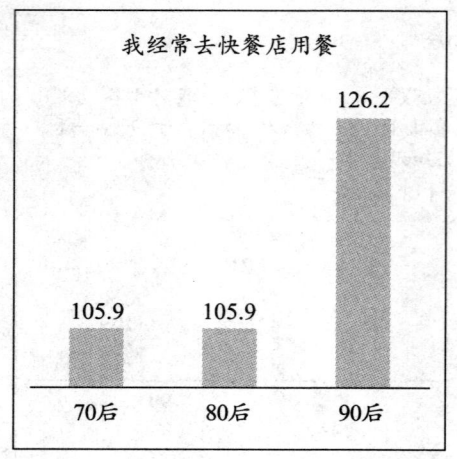

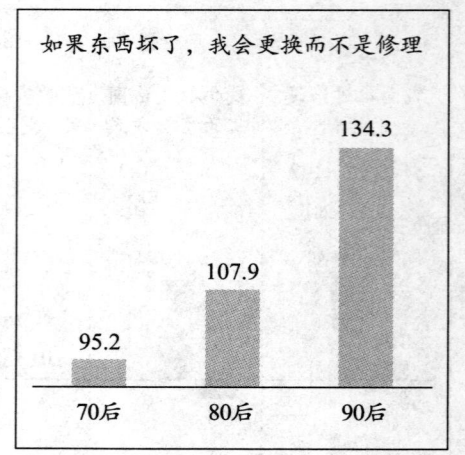

图 2-16

数据来源：中国市场与媒体研究 CMMS2009A

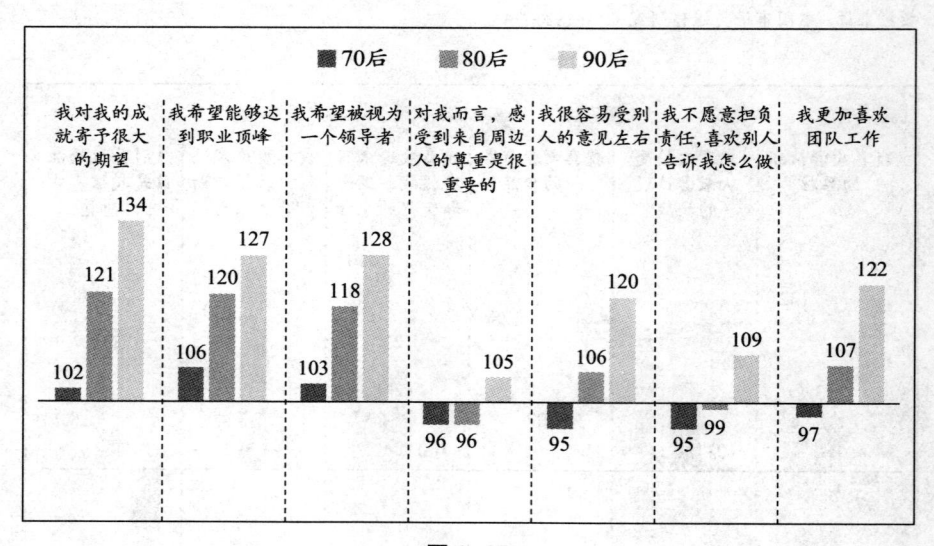

图 2-17

数据来源：中国市场与媒体研究 CMMS2009A

  特征5：对消费有极高的要求，喜欢用高科技来武装自己（如图2-18）

  特征6：热爱广告，喜欢有广告的产品（如图2-19）

  从年龄上来说，90后可以算得上是新新人类。他们是年轻派消费者中年龄最小的人群，自然也是消费理念最超前的一部分人。因为不必要

02 动荡的消费浪潮——席卷全世界

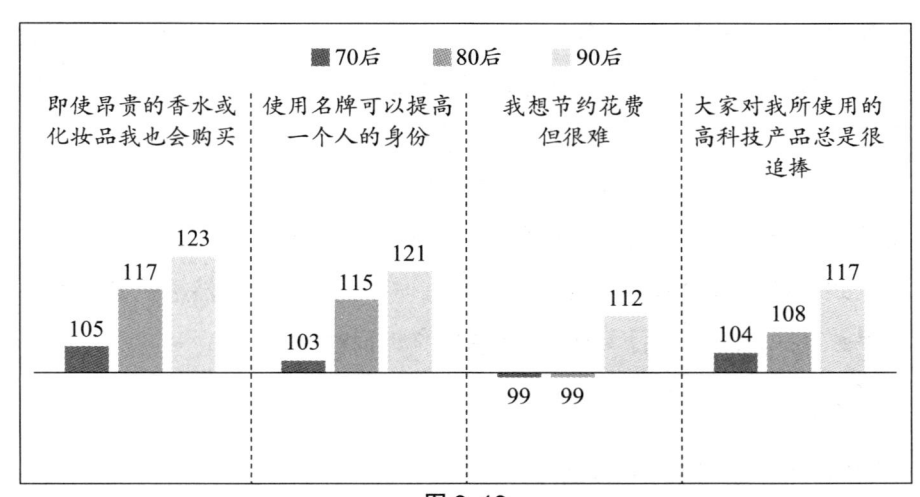

	70后	80后	90后
即使昂贵的香水或化妆品我也会购买	105	117	123
使用名牌可以提高一个人的身份	103	115	121
我想节约花费但很难	99	99	112
大家对我所使用的高科技产品总是很追捧	104	108	117

图 2-18

数据来源：中国市场与媒体研究 CMMS2009A

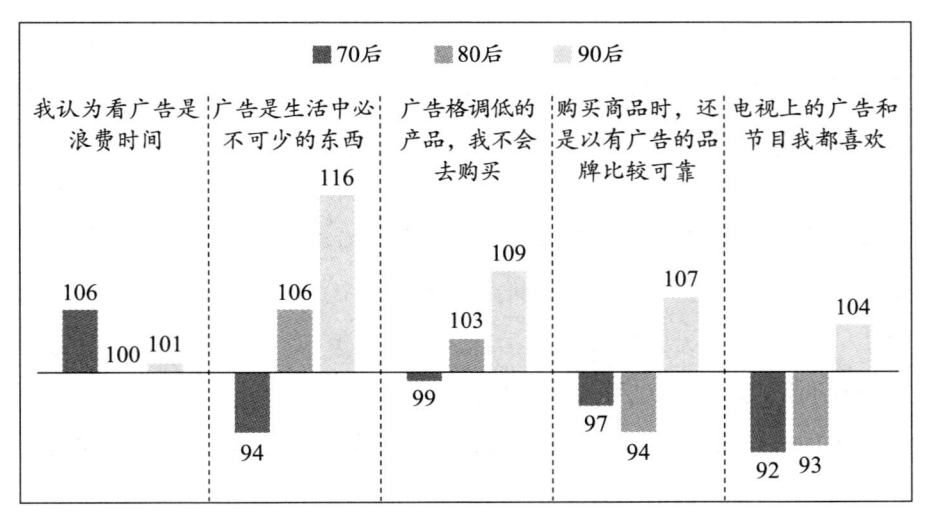

	70后	80后	90后
我认为看广告是浪费时间	106	100	101
广告是生活中必不可少的东西	94	106	116
广告格调低的产品，我不会去购买	99	103	109
购买商品时，还是以有广告的品牌比较可靠	97	94	107
电视上的广告和节目我都喜欢	92	93	104

图 2-19

数据来源：中国市场与媒体研究 CMMS2009A

担心金钱的问题，况且他们也没有自给自足的能力，所以摆在90后面前的只有一个关键词——未来。俗话说，得未来者得天下。70、80后都将会老去，真正看得见的未来是90后。在针对90后的产品进行营销的时候，永远都要把希望和生活两个概念平衡好。因为90后有着大片的美好希望，但他们同时又可以过着相当不错的生活，不必要像70后那般拼搏，也不必如同80后那样努力，你只需要和90后谈享受，便已经成功了一半。

由此可见，针对不同人群制作出不同的汉堡，才能够满足不一样的口味。在年龄跨度如此之大的年轻派群体中，从来都不存在中间态。你若是想要两头都讨好，那便等于是没有一个侧重点。既然消费者你都不会足够重视，那么他们又为什么要关注你的商品呢？

习惯他们的语言和沟通方式

火星文，可解作火星人的文字。随着互联网的普及，年轻网民为求彰显个性，开始大量使用同音字、音近字、特殊符号表音的文字。由于这种文字与日常生活中使用的文字相比有明显的不同并且文法也相当奇异，所以亦称火星文，意指地球人看不懂的文字。火星文这种称法最早出现于台湾，随即流行于中国大陆、香港和海外华人社会，成为中文互联网上的一种普遍用法，并逐渐向现实社会中渗透。例如："劳工"（老公）、"偶喷友"（男朋友）、"伱傺谁"（你是谁）。如果你还不懂得火星文，那就说明你已经被90后远远地抛在身后了。

中国有句俗话是，见人说人话，见鬼说鬼话。和90后交流，你就得用90后的语言才行。不只是火星文，"我又被河蟹了""很黄很暴力""我是出来打酱油的"等语言形式，都是90后的专属。想要在90后的阵营中掀起一场波浪，就先要学会他们的语言和沟通方式。

90后是属于年轻态消费者中最后一代尚且有自我判别能力的人群。至于新世纪诞生的新新人类，尚且处于孩童时期，其对消费虽然有自己的选择，但依旧要依靠父母的指导。90后则不同，他们有的已经步入社会，最小的一代也在念高中了，所以他们都有着很强烈的自我主张，但同时又和80后一代有着显著的不同。

80后：已步入社会，事业心相对更强

90后：生活状态相对更轻松，还意识不到外界的生活压力（如图2-20）

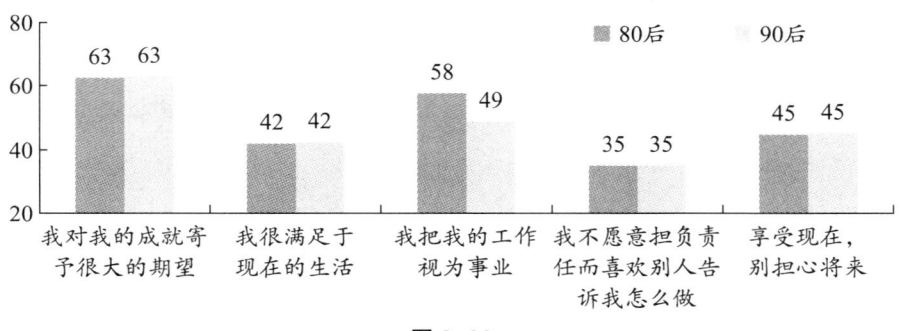

类别	80后	90后
我对我的成就寄予很大的期望	63	63
我很满足于现在的生活	42	42
我把我的工作视为事业	58	49
我不愿意担负责任而喜欢别人告诉我怎么做	35	35
享受现在，别担心将来	45	45

图2-20

可以看出二者最大的不同点在于如何对待工作和事业。工作对于90后这一群人来说只是一种生存的方式，并不是生活的重点。工作是为了更好地生活，是绝对不可以颠倒的。同时，在消费上90后也更强调个性，我用iPhone，你也用iPhone，问题是我的iPhone和你的是不一样的。他们通过很炫的装饰和与众不同的应用来凸显自己与圈子里其他人的不同。如出生于1991年的宋宇（化名）今年刚上大学，班里不少同学都喜欢用iPod，但是宋宇最得意的并不是他拥有iPod，而是装iPod用的小袋子，"我超喜欢这个！"原来这是他从南锣鼓巷（北京知名特色街，遍布创意小店）的小店里淘来的。所以90后强调的是从群体中寻找个性，但80后其实却恰恰相反，是要把所有具有共同个性的人群组化。

其实这也是由两个不同年代生人的生长环境造就的。相对于80后的自耕自食来看，90后拥有富裕的60后父母，90后能够调动的消费资源更加充裕，对于消费的掌控力也更强。2009年末某项调研显示，当家庭购物意向确定后，以子女的品牌倾向决定购买的比率是86%，在家庭购物意向的形成方面，子女也拥有70%以上的影响力。也就是说，在向90

后营销的时候，其实很少需要去考虑价格的因素，他们有比80后更为强大的经济实力做后盾，你需要关注的只是他们的个性化。这对商品本身以及营销手段都是个挑战。

相比较而言，90后更注重广告的格调，换言之，广告有创意、有格调，对于树立品牌在90后心目中的地位、拉近与他们的距离将起到较大作用。真正重要的问题永远都只有一个，不论是商品还是广告，是否能够走进潜在消费者的内心。90后渴望的是群体中的个性，所以即便是类似的产品，也要有与众不同的内容；即便是类似的营销广告，也要有呼应他们心灵的实质。

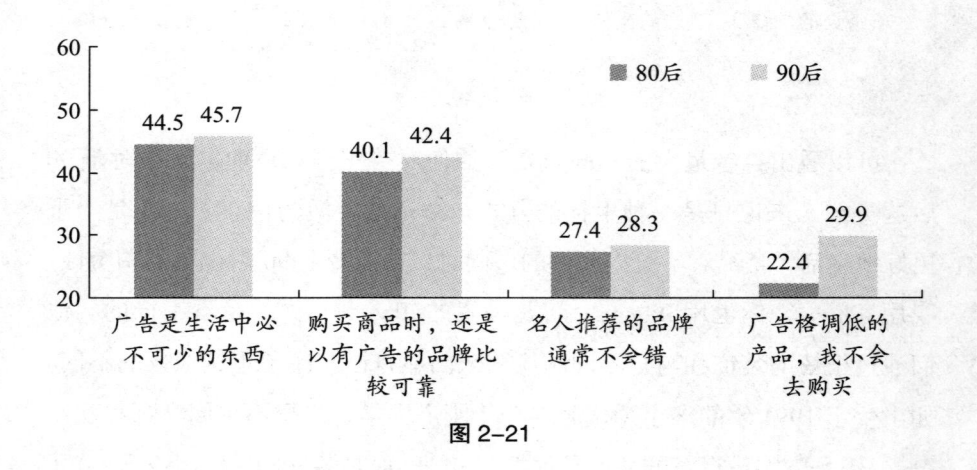

	80后	90后
广告是生活中必不可少的东西	44.5	45.7
购买商品时，还是以有广告的品牌比较可靠	40.1	42.4
名人推荐的品牌通常不会错	27.4	28.3
广告格调低的产品，我不会去购买	22.4	29.9

图 2-21

由图2-21可以看出，80后和90后对广告的态度也迥然不同。相比较而言，广告更容易引起90后的兴趣，但广告必须要言之有物，而不再是针对60、70年代生人的硬性推销。90后更加相信偶像的力量，也更加相信品牌的力量。当年大导演张艺谋的电影《满城尽带黄金甲》中启用了当红歌星周杰伦，粉丝在票房上贡献出来的力量就不容小觑。数年后，《十月围城》效法前作，启用了拥有庞大粉丝数量的李宇春，也顺利地使得影片的票房水涨船高。

明星在营销活动中是个具有特殊身份的人。他代言商品，所以附加在明星身上的情感值也会被转移到商品之上，此时明星本人即是被营销推广的商品，同时又是营销团队中的一个成员。在双重作用的夹击下，90后的粉丝手中便会失去所有的防御能力，彻底沦为"牺牲品"。

与此同时，在微博改变世界的当下，90后的任何一次消费都从来不是单独的个体行为。他们通过微博和社交网络等平台对于自己购物心得的分享，也成为免费的二次宣传。

	90后	80后	70后	60后	50后	总体
浏览者	12.3	6.7	7.8	2.7		7.2
跟进者	38.5	38.7	44.5	62.2	50.0	41.4
收集者	9.2	8.1	6.4			7.3
传播者	10.8	6.2	3.9		12.5	5.6
积极分子	24.6	32.5	32.4	27.0	37.5	31.8
创造者	4.6	6.7	5.0	2.7		5.9
不活跃分子		1.1		5.4		0.8
样本量n	65	566	281	37	8	957

这是不同年代生人的微博使用情况。尽管90后不是最积极的分子，同时也没有更多的跟进者，但他们用微博传播信息的量却占据很高的地位。尽管传播者的数量比不过50后，可50后这个团体已经距离年轻派有相当的距离了，与90后的消费内容完全不在同一个范围内，所以根本就构不成竞争的态势。

而既然90后对明星和品牌有如此高的忠诚度，反映到他们最活跃的网络上时，便是对微博加V用户以及企业版用户的信任。总体而言，普通个人微博内容的信任度最高，其次是企业微博。但相比较来看，90后对于企业微博的内容信任度较高，是企业微博宣传推广的良好受众。其次，名人博客对90后也颇具影响。（如图2-22）

不同微博内容信任度对比

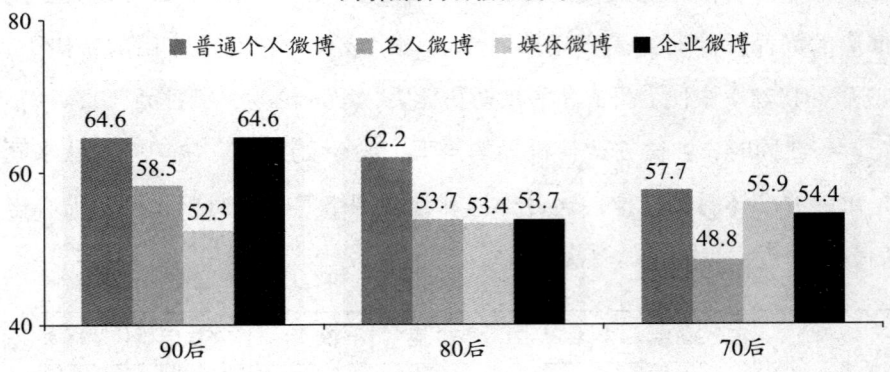

	普通个人微博	名人微博	媒体微博	企业微博
90后	64.6	58.5	52.3	64.6
80后	62.2	53.7	53.4	53.7
70后	57.7	48.8	55.9	54.4

注：上图显示信任度＝比较信任＋非常信任

图 2-22

90后在校友、共同爱好、微博互动者中的粉丝影响力并不逊于80后、70后，尤其校友群体，具有良好的雪球效应基础。在90后踏入社会后，作用不可小觑。当你销售给任何一个90后一件商品的时候，如果使用效果令人满意，就等于是把品牌销售给该目标消费者身边的一个小群体。

所以在针对使用火星文进行交流的"火星人"进行营销活动的时候，只需要记住两点内容：一是个性，二是平台。在不同个性中寻找共同的平台，在同一个平台上创造出更多不同的个性，这两件事情同等重要。营销90后，永远都不只是学说火星文那么简单。比之更多且更复杂的事情是，你必须要先了解90后这一个十分特殊的群体，和他们能够产生情感上的共鸣。如果你能够让整个营销活动都变成火星人的一次狂欢，那就已经离成功的彼岸不再遥远了。

变革之精神

和年轻相对的一个词，是传统。

动荡的消费浪潮——席卷全世界

并不是传统不好，只是附加在传统之上的老气横秋的说辞，总会使年轻人感觉到脖子上套着一把无形的枷锁。因此，年轻人寻求的是变革，是突破管制的自由。因为想要有一片属于自己的天空，才会有了梦想、奋斗等等具有年轻色彩的词汇。

变革，也就意味着在观念上发生了转变。不只是消费观念，整个年轻人的群体在生活观念上都和既有的传统有着很大不同。因此若是再用老旧的营销观念来进行市场推广，必定会要碰南墙。

年轻人消费的产品到底有哪些？从他们的行为方式来看，年轻人不看电视、不读报纸，只是上网和买杂志。

网络的特点在于自由化，而不是最早在网络兴起时倡导的门槛低。因为在现实生活中可能会遭遇到各种各样的挫折，年轻人需要有一个地方来释放心理压力，这也是社交网站以及微博等新型网络内容兴起的原因所在。随着3G网络以及移动网络的日渐普及，随时随地都可以满足人们上网的需求。尽管有许多年轻人在网上以吐槽为主，但电商在双11实现的暴利，不得不给人更深刻的思考。因为即便是吐槽，有时候也是相当给力的宣传噱头。

而杂志却又不同其他媒体。杂志在定位上更偏重于高端和品位两个概念，尤其是涉及到相关偶像的专题采访的时候，杂志给人带来的绝不仅仅只是资讯那么简单，更是把梦想隐含在其中。

所以年轻人需要的变革其实只有两个方面，自由和梦想。这是年轻人尚未在社会的泥流中沉沦的象征，尽管每个人都知道所有的年轻人有一天终会老去，但他们谁都不希望自己在不远的将来会变成父母的模样。对梦想的坚持和对自由的追求，成为年轻人心中一击即痛的点。在营销活动中，如果再以单纯的低价促销等方式来做主打，反倒可能会引起反感。倒不如紧握年轻人的心理，把握住他们追逐时尚的脉搏。就像是不断更新换代的苹果手机一样，其实iPhone4和iPhone5之间的差距对于一个普通用户来说并没有那么大，但是一年更新一次系统表明的是厂家一直不曾放弃的创新精神。年轻人不喜欢抱残守缺，只有不断变革才能有活路。他们这样要求着自己，同时也以同样的标准要求这商家和厂家。

"变革"这个词其实更具有草根精神，与其相对应的一个服装品牌叫"凡客"，也曾掀起过一场互联网购物模式的变革。

白底，人物抠图无背景再加上"爱××，不爱××，我是××，我不是××，我和你们一样（不一样），我是×××"的广告语模式，这就是一夜之间红遍网络的"凡客体"。据目前不完全统计，已经有2000多张凡客体图片在微博、开心网、QQ群以及各大论坛上疯狂转载，赵本山、黄晓明、唐骏、曾子墨等上千位明星被恶搞或追捧，甚至有没有凡客体已经成为是不是名人的一种象征。与此同时，凡客体被百度百科以专用词汇收录。

凡客体火了的背后，不仅仅只是凡客一个商家的成功，而是在广告模式中时时透露出来的与众不同的自我的概念。在追求个性的年代，没有人想做下一个谁，都只是要做第一个我，所以才会有"我是×××"的概念出现。尤其是凡客选择了韩寒、李宇春等在年轻一代心目中有着极其强烈的个性化象征的偶像做代言，在带动了粉丝情绪的同时，又会产生一波又一波的边际效应，使得偶像身上呈现出来的与众不同做自己的特质得以无限扩大。这则原本再寻常不过的广告，却被广大网友以"再创作"的形式疯狂传播，甚至成为众多名人和个人的标签，一种新的文化在网络上风行，归根结底是草根的狂欢。因为在此种标榜下，尽管现实生活可能并不是很如意，但年轻人却依旧可以活得很快乐。自己，是永远都无法被替代的。对于社会的变革并不是要推翻旧有的体质，而是希望自身能够在现有的体制中得到足够的重视，是付出必定有回报的公正，是和自己本身的能力相适应的公平。

从营销和广告的角度来看，凡客诚品的这则广告很符合年轻人的定位，特别是人气偶像，被号称"全国公民"的中国青年作家韩寒加盟，无疑让这则广告吸引了更多人的目光。但很显然，这一切还不只让凡客诚品能火到今天的这种程度，甚至形成一种潮流文化。

凡客广告中，整个广告语很好地通过极富个性化的语言把凡客诚品两个代言人的特质和品牌的诉求结合在一起，把现代年轻人的心态成长与凡客诚品的品牌形象结合在一起（如图 2-23）。从人气偶像的身上永远都能够发现自强不息的奋斗精神，这也同年轻人不断地寻找认同感以及变革现状的做法相一致。

图 2-23

所以在凡客广告之后，网友自发掀起了一场病毒式的营销，纷纷以凡客体的方式来写着自己的创意。表面上看是戏谑当下的主流文化，其实根本就是在彰显自己的与众不同。在营销界有这么一句话：只有想不到的，没有做不到的。如果说网民不断研发新图片是为了好玩，属于自娱自乐的话，那么更多的商家研发的山寨版广告则不是娱乐那么简单，更多的是希望在这次声势浩大的活动中宣传自己，最终使这种山寨版广告成为了一种营销手段，一个严肃的话题。

因此说，凡客的整个营销活动的成功，再一次证明了"娱乐＋自由"这个网络时代的传播特性，在娱乐新闻社会化、社会新闻娱乐化的时代，人们崇尚自由，也希望更多参与互动。通过恶搞来吸引眼球，把网民的主动性、积极性调动起来，进而提升了凡客诚品的知名度和产品口碑，这种营销方式值得众多商家学习和借鉴。不论是为了梦想还是为了变革，亦或者尚且需要努力奋斗，在年轻人的心中永远都少不了自娱自乐的精神。如果一场营销活动无法让年轻人从中体会到快感，并且还会处处都感受到被牵着鼻子走的话，这场营销无疑是要被最终的变革推翻掉的对象。

时时都要记得，蕴藏在年轻消费者身上的变革精神可能把矛头指向一切，甚至包括他们自己。

既是狼来了，又是浪来了

既然说未来是属于年轻人的，那么就要趁现在好好研究年轻人究竟消费什么，从现在开始培养年轻人的品牌忠诚度。而在未来，年轻人究竟要依靠什么来改变世界？正在崛起的年轻人市场要靠哪些因素来支撑？

年轻人的崛起，是世界消费市场上无法避免的一次浪潮。这既是狼来了，又是浪来了。能够从容应对并且紧紧抓住机遇的企业，会在这次浪潮中玩一场极限冲浪运动；那些一味地用固有的营销策略来保护自身企业现有利益的做法，永远只能面对着饥饿的狼群，可能连一丝生存的机会都得不到。最关键的一个成败点在于，不论是作为企业还是商家，或者是作为整个营销活动的把控者，你是否已经被卷入了这场浪潮中？

也就是说，面对大浪，如果你有勇气加入到冲浪的行列中，可能会面临着死亡的威胁，但也有可能是一场新生。这是一场席卷整个世界的浪潮，未来永远都无处可躲。你若是只顾着自身逃命，恐怕是必死无疑。

在崛起的年轻人市场上，究竟那些已经占据了主导地位的品牌存在哪些可效法的优点？

我们再次以手机为例，根据市场调查公司 Gartner 的相关数据，2012年第一季度苹果手机销量达到 3310 万台，占全球手机销量的 7.9%。苹果公司手机的市场份额较 2011 年同期翻了一番。2011 年第一季度苹果公司手机销量为 1680 万台，占全球手机销量的 3.9%。虽然苹果仅仅位居第三位，但是苹果公司手机的品牌只有 iPhone 一种，而在销售量排行榜上占据前两名的诺基亚和三星分别拥有多款热销机。如果单纯地以某款机型的销售量来做对比的话，苹果 iPhone 必定排行榜首。

再看排居榜首的诺基亚手机，虽然勉强保持了销售冠军的宝座，但其所占的市场比例却大幅度下降。在未来主流的智能机市场上，诺基亚并没有明显的优势存在。

每一年秋季苹果新品的发布会都会吸引成千上万人关注，在新品上市的前一天晚上，在专卖店前面还会排起长长的购买队伍。人们对于苹果手机的狂热似乎从来都未退却过。

其实，苹果手机自第一代发布起就以精工细作而闻名于世。人们在购买了一部手机之后，几乎很少需要去考虑苹果的硬件和软件质量，以及售后服务到底如何。苹果公司卖出去的不是一部手机，而是一场经营理念。在科技日益进步的今天，能够始终占领在科技的最前沿，并且一直保持孜孜不倦的求创新的精神，在世界范围内这样的公司都很少见。

恰恰，苹果公司的这一份气质和当下的年轻人消费群体极为类似。同其他大品牌的手机制造商比较起来，苹果确实属于一个十分年轻的公司。年轻就意味着没有历史的负担，可以更好地去创新未来。iPhone 成长的过程，也正是这几年科技日益发展过程的缩影，是和每一个年轻消费者共同走过的，所以根本就不存在究竟是消费影响生产还是生产领导消费的抉择。其本来就是生产和消费同步的，是秉持着所有年轻人都有的消费观念去进行生产活动，所以才会席卷整个世界。

这也再次证明了一点，只有站在群众中间，才能够真正地和他们打成一片。在营销体系中，其实根本就不存在究竟谁是生产者谁是消费者。片面地把整个营销活动中几个不同的组成部分划分为既得利益者和为了满足自己的需求而需要花费利益者，难免会在无形之中把商家和消费者划分到两个相互对立的阶级中。这其实是最大的一场误导。组织整场营销活动的机构应该明白，自己本身也不是两边获取中间利润的角色。这是一整个的生产链条，不论是厂家、商家、消费者，还是营销或者组织者、实施者，所有人的目的都应该是一致的，即使得营销活动能够更完美地进行下去。

也就是说，厂家要提供给商家高质量的产品，商家出售给消费者可值得信赖的满意的商品，营销组织者和实施者为消费者提供真实可靠的商品信息以及促销方式，最后消费者还要回馈给商家、营销机构以及厂家自己的使用信息，以帮助提高从产品到服务的多方面质量。

看起来，这好似最理想状态下的销售行为。在现实生活中，这场行为总是要受到各个方面因素的影响而不可能实现得如此完美。但这并不等于就能够以此为借口而使得各方面各自为营。这就像是一根筷子很容易被折断，而一把筷子却会牢牢抱成团的道理一样，想要在席卷全世界的年轻派浪潮中占据一席之地，就必须让自身先年轻起来。

这无关乎一个企业的岁数到底有多长。可口可乐在上百年的发展历程中，从来都没有把自己定位于一家老字号企业。碳酸饮料的主要消费群体还是年轻人，所以可口可乐几乎每经历一代人的光阴就要改头换面一次，从产品的外包装到宣传口号都改换过多次，目的只有一个，就是始终让可口可乐更加符合当下年轻人的消费品位。越老的企业，就越要懂得放下自己的身段，才能在未来的市场上占据一份地盘。

值得一提的是，可口可乐的配方从来没有改变过，它的口味也一如当初一般的令人感觉到激爽。这给我们当下的提示是，即便是年代不同，体现在年轻人身上的思潮却从来没有变过。古往今来，年轻人都是最具有变革精神的一群人，在当时的环境下，他们的所作所为都十分具有大胆创新的精神，他们新潮，他们敢于质疑一切，他们永远都会和当下最时尚的生活方式接轨，虽然在数百年前是看喜剧而如今变成了看电影，但是除了这些形式上的变化以外，从来都没有发生过质的改变。

我们预言的那场席卷整个世界的年轻派浪潮，其实早已经到来，并且从未退却过。只是当初极具创新精神的年轻企业在一步步壮大之后，就像是所有的年轻人都会变老一样，企业也不会例外。当初芬兰的一家做纸浆的小公司凭借的是极大的创新精神而成长为曾经手机产业的巨头，可是却在一夜之间被新兴的苹果给打败。如果苹果不能够像可口可乐一样保持着常换常新的态势，那么它的未来，其实早已经被前辈们书写好了。

　　由此，在这场席卷世界的浪潮中，保持不败之地，恐怕将是由现在的每一次营销活动一点点奠基成的目标。用世界眼光，俯视中国企业界和营销界；用年轻人的眼光，看待正在渐渐走向成熟和老龄态的品牌和营销界，才能够知道自身还存在许多不足。这是进步的典范，更是进步的前提。

03 坚持自身的年轻态
——8大品牌市场攻坚战

NIAN QING PAI
YING XIAO

要想研究年轻派 80、90 后消费群体的营销应该如何做，首先得研究那些已经成功俘获年轻人的心的品牌究竟在哪些方面做得足够优秀。或许，有些成功的经验是不可复制的。苹果公司、可口可乐等一些大品牌的公司在经济实力和对未来的前瞻性上的一些经验，都不是小公司可以做到的，但从年轻化的消费模式中依旧可以找到更多的警示意义。

市场总是不断地在更新换代，商家从来都不需要考虑是否还存在年轻市场，唯一需要担忧的问题是，是否存在永远年轻的产品。本章虽然简述的是 8 大品牌如何保持自身年轻态的方式，但却可以推而广之为各自市场行业内的准则。每一个品牌，都有其一以贯之的年轻化准则，虽然历经多年，却依旧行之有效。因为任何时代，年轻人都具有共同的特性，只不过被时代冠以了不同的名号，实质却从来没有改变。

苹果难咬——关于"个体"的争辩

我们多次提到苹果品牌在年轻人市场上占据的优势。苹果代表的不仅仅只是一个品牌，更是整个手机、pad 行业中的先进科技和创新精神。正是因为孜孜不倦地一年一代地更新着产品，才能永远都使自己保持在行业技术的最前列。

在高科技企业中，苹果自始至终都是以创新而闻名，知名的产品有 Apple II、Macintosh 电脑、Macbook 笔记本电脑、iPod 音乐播放器、iTunes 商店、iMac 一体机、iPhone 手机和 iPad 平板电脑等。尤其是其智能手机品牌iPhone手机更是近年来市场上最热销的品牌之一。

　　虽然智能手机的制作和技术都已经越来越趋向于成熟，但依旧很少有商家能够撼动苹果在这一行业中的领先地位。苹果之所以能够一直都走在时代的前列，和他本身的经营和制造理念是密不可分的。而且，苹果的产品在年轻人的消费群体中一直占据着很大的比重。年轻人甚至从来都不用去考虑苹果产品的质量，只要那一个被咬掉一口的苹果的标志存在，一切就都有保证。如此深得年轻消费者的欢心，苹果这一口是否能够被其他人咬得下来，还要看你效法苹果的能力到底有多强。

创新是不变的主题

　　对于任何一个企业来说，不创新就意味着死亡。在科技革命的时代中，科技界每一天都可能发生着天翻地覆的变化。没有任何一款产品能够从始至终都保持在科技大军的前沿阵地中，除了及时更新换代，别无他法。

　　以苹果手机iPhone为例，其第一代品牌发布于2007年，之后又分别发布了iPhone3G，iPhone3GS，iPhone4，iPhone4S，iPhone5以及iPhone5S。回首整整五代的产品，任何一个使用者都能很清晰地说出每一代产品之间的不同点。苹果公司做到的是，让科技成为每一个消费者可以掌控的内容，从来都不是用各种复杂的神乎其神的名词来把用户绕进圈子中，它每一次的更新换代都有明显的提示，并且支持任何上一代的产品自动更新到新一代的内容。也就是说，苹果不仅仅在新一款的产品中保持了科技的先进性，而且更做到了开源性，使任何一个使用旧款产品的用户也能享受到新科技的价值。

　　这一点是最能够吸引人的。因为你买到手的苹果产品再也不会因为技术的进步而让自己落伍于时代，相反，每一次新品发布后的及时更新都会让使用者拥有一种制胜的体验。苹果的创新不仅仅体现在自身科技上，更体现在对消费者的服务上。很多时候，服务决定着究竟有多少回头客。尤其是在消费者自发性宣传在营销中占据相当比重的今日，在尽管追求个性但却从来都不希望被对方甩在身后的年轻人群体中，一个好的口碑往往要胜于一则好的广告。

多管齐下，抢占全方位服务

尽管我们当下熟知的苹果品牌是以手机和平板电脑为主，但苹果公司却不仅仅只是单独地制作了两款不同的产品而已。通过苹果内置的云计算软件，用户在任何一款产品中的文档都可以上传到服务器，同时又可以在任何其他款产品上通过该用户的账号下载。当你在使用多款苹果产品的时候，苹果公司为你提供的将是一个整套的生活圈子。

但同时，苹果公司的产品又不能和其他系统相兼容。也就是说，当你想要享受到苹果提供的全套服务时，就必须把自己所有的需求都换成苹果的品牌。当然，这并不是强制的，但却依旧对消费者有着极大的吸引力。这建立在苹果的品牌基础上，是消费者对苹果品牌的信赖，反过来却又促进了苹果品牌的建立。

在死硬的科技中加入趣味性

当网络已经普及到所有人，当智能开始进入到平民时代的时候，任何科技都已经不再是死板的说教和象征性的演示了。尤其在面对年轻市场的时候，这一群消费者从来都是对传统的叛逆者，越是单纯的说教就越会引起越大的抵抗。年轻人需要的是娱乐，是娱乐身边所有的一切，哪怕是工作，也要有几分乐趣在其中。

苹果品牌在这一点上也做得相当棒。它虽然是站在科技的前沿，但却从来都不是古板的模样。苹果产品在系统中已经摆脱了让消费者来适应新款产品的方式，而是用完全智能的全触屏方式使每一个使用者都可以根据自己的心思随意拖动。就像是摆在自己面前的一堆零件一样，不管你如何整理，最后都能制作出一款独属于自己产品。

而且苹果产品中的 Siri 智能服务功能也让所有的果粉痴迷不已。简单地说，Siri 就等于语音加智能机器人，其中语音技术使用第三方的，占 20% 左右，智能机器人技术占 80%。而语音技术又包括语音合成和语音识别两部分。语音合成的技术早就存在，并广泛商用，如时钟报时，银行、医院叫号，电话自助办理业务等等，而语音识别技术，就是将语音转化成文本经机器人识别、理解、处理之后，再反馈给用户。怎么识别和理解，以及如何处理，都是智能机器人要做的事情。说到底，Siri 的关键部分还是智能机器人这一块。

能够和机器人聊天，并且从机器人身上得到更多的实用信息。当 80、90 后的社交圈子早已经从现实生活中搬到虚拟网络上的时候，有些不能和人说的秘密，或者单纯地只是想要打发无聊时光的时候，Siri 都会成为最好的且最好玩的聊天对象。苹果公司只是通过一个款小小的内置软件，就轻易地走进了年轻人的生活，并且在不经意间一点点地改变着他们。

这三点就是苹果能够如此出众的众多原因中的九牛之一毛。尽管听起来总是和科技、时尚等一些名词脱不了干系，但归根结底，任何商家和商品之所以能够俘获消费者的心永远都离不开两个字——概念。苹果经营的是消费人性化的概念，未来是一个以人为主的年代，且是以个人为主的年代，科技再创新，也永远都要为人所用。苹果之所以难咬，是因为它已经把自身的品牌融入到了每一个单独消费者的消费理念中，任何想要撬动苹果现有地位的产品，需要营销的不是自己的品牌，而是年轻消费者本身（如图 3-1）。

图 3-1

所有的年轻人，前提都是作为一个人而存在的。一个品牌的最终消费者也是人。这是占立在市场两端的不同体系的个体之间完美的统一性。年轻，只是一个用来与其他群体相互区别的词，我们真正需要服务到的对象还是不同的个体。苹果之所以成功，只是因为他们在电子产品的设计和制造上充分从对方的角度去考虑。更确切地说，苹果明白自己的定位，自己作为一个服务者的定位。任何企业，不论是生产还是营销，如果缺乏了这一个环节，那便是盲人骑瞎马，最终只能走向失败的深渊。

Dreamtimes——年轻"梦"时光

任何一个年轻人，都是有梦想的个体。如果你忽略了他们的梦想，那么再伟大的现实也只能是隔靴搔痒般的粗笨营销模式。而在年轻人群体中有着很高声望的 Dreamtimes 护肤品牌，做到的却是给每一个消费者以重新焕发青春的梦想。

Dreamtimes，全球顶级年轻人护肤品牌，源自世界最大的 Dreamtimes 护肤品研发实验室，以顶级奢华护肤 ICE（冰晶），举世闻名，而其平价护肤梦幻三部曲，凭借卓越的品质、实惠的价格，几乎占据年轻人护肤品市场半壁江山。

零广告的江山

出人意料的是，Dreamtimes 有如此多拥趸的前提竟然从来都不是广告。它每一年收入的 60% 都会被投入到下一代产品的科研中，而从来都不是广告和推广。只这一点，就足以抓住年轻消费者的心。在网络化盛行的今天，消费者早就已经告别了被动看电视的年代，网络的自由性使得每一个使用网络的人都可以有效地避免无聊广告的侵袭。就像是人们经常调侃的一样，禁止在电视剧中插播广告，年轻人也不希望有任何品牌广告出现在他们的视野中。年轻人接受品牌或者产品的原因多半是因为自身有了需求才会去关注，或者是从自己喜欢的某个电影、某个明星，甚至是身边的某个人的介绍才认识到真正物有所值的产品。年轻人是一群只看疗效不看广告的群体，Dreamtimes 的这种做法无意间切合了年轻人的作风。

年轻人喜欢的事物，都有着明确的个性。零广告算得上一条不寻常的路，但恰恰越是"歪门左道"，就越深得年轻人的欢心。他们身上具有的反传统精神，也使得他们从来都很少接触主流媒体。既然在主流媒体上投放广告很难达到预期的效果，而小众媒体的广告到达率和认知率也有限，所以与其花大力气去做广告，倒不如把所有经历都用在科研上。酒香不怕巷子深，这句俗语用在 Dreamtimes 上显得十分贴切。

同时，在消费者自发宣传的社交网络阶段，任何一款真正是在为消费者服务的品牌，都会在一定的圈子中进行自发宣传。其口碑的力量，要远远大于广告的说教。

消费者永远都是第一位

相比大多数品牌接近 70% 的广告投放来说，Dreamtimes 倒更像一个真正的研发实验室。也许正因如此，它让其尖端护肤系列 ICE（冰晶），在毫无广告宣传的情况下，能够单靠品质及口碑获得今天的影响力和地位，引用创始人尼尔·马歇尔的一句话：我们从未考虑过如何宣传去争取更多的客户，一切努力只为了一点，就是让每个用过 Dreamtimes 的客户，都获得 100% 的满意。

先不必要去讨论 Dreamtimes 如何提升用户体验等一些细节，单单只是其把消费者放在第一位的经营理念，就足够许多中小企业学习一辈子。不论什么时候，也不论企业大小，永远都不能够忽略消费者这个上帝。

虽然因为对广告宣传的忽略而致使 Dreamtimes 的销售业绩和知名度从来都没有攀升到世界前列，但就护肤技术来讲，仅 2010 年就连续拿下

"最佳护肤技术奖""最具创新品牌"等 7 个奖项，科研成就绝对在业内是无人能及。这也从侧面说，Dreamtimes 对消费者的认真程度也是无人能及的。

年轻消费者都渴望与众不同。即便只是使用护肤品这样平常的事情，也希望能够增加更多的个性化服务和体验在其中。所以 Dreamtimes 在技术上的精工细作，就会使消费者产生这么复杂的工艺其实只是为了在你使用的那一瞬间。认同感会自然而然地产生，有时候，科技上的数字要比广告更具有说服力。

梦想，是最大的杀手锏

但以上这两点内容都不足以让 Dreamtimes 成为年轻消费者的最宠爱。年轻人没有过于厚重的历史，但他们却有无比璀璨的未来。梦想是年轻人最愿意谈及的一个词汇。如果没有梦想，那么他们当下的奋斗也就失去了最终的意义。永远都不要否定年轻人的梦想，就像是永远都不要否定他们当下的奋斗，否则一切都将会变成零。

Dreamtimes 最大的杀手锏，正是它的品牌。每一个正在奋斗的年轻人或许有一个并不尽如人意的现状，但他的梦想一定是充满色彩的。Dreamtimes，梦想时光，给每一个使用者带来的是畅想梦想时的美妙。

并且 Dreamtimes 旗下的几款产品，也从来都没有脱离过梦想两个字。

M1 梦幻三部曲是 Dreamtimes 专门针对亚洲年轻人幼嫩肌肤研制的基础护肤系列，2010 年度以 310,200 套的销量业绩，以及 36.4% 的关注度占据年轻人护肤品半壁江山，与倩碧经典三部曲并列成为最热门的经典基础护肤套装，并且在 2011 年荣获"最受欢迎年轻人护肤品"，同年第三季获网易"最具性价比"护肤品票选第一名。至此奠定了 M1 梦幻三部曲在年轻人护肤品领域的领导地位。

M2 梦幻三部曲获得大 S、小 P 等众多知名护肤名人先后多次大力推荐，在 M1 梦幻三部曲美誉基础上，一度超越 M1 梦幻三部曲，成为 2012

年年轻人护肤品市场的主导系列。

K1 男士梦幻三部曲是在经典梦幻三部曲陆续走红以后，于 2012 年下半年专门针对男士推出的一款梦幻组合。它在有效地帮助男性解决了皮肤问题的同时，更使得本就容易被商家忽略掉的男性消费者感受到了被认知、认同。

所以 Dreamtimes 的成功之处在于，它给了所有人梦想，给了所有消费者改变现状的机会。每一个年轻人都有梦想，但并不是每一个年轻人都有实现梦想的机会。梦想从来不只是一个听起来光芒四射的词汇，在实现梦想过程中的艰辛不是每一个人都能坚持下去的，所以 Dreamtimes 更要用自身的技术含量来证明一切所言非虚。

给一个人梦想容易，给一个人实现梦想的机会也并不算难，难的是能够让他来自由实现梦想。年轻消费者身上固有的特性在新时代有着鲜明的对比，他们梦想亮眼，但他们却有着更为骨感的现实。他们希望通过自己的努力来实现梦想，但却又对现有的规则和秩序存在更多的叛逆心理。而 Dreamtimes 的一份招聘启事，却也使得更多的年轻人开始警醒。

这份招聘启事有六大理由和六大要求，分别为：

六大理由：

1. 做自己喜欢做的事
2. 一次创业的机会
3. 不以学历论能力
4. 杜绝"Office Politics"
5. 健康工作和生活
6. 因为看了前面的 5 条

写在最后的一句话是：其实，选择有时候很简单，是否能把握机会让自己快乐的工作和生活，选择在于你自己。到了这里，Dreamtimes 其实已经把一切的选择权都又重新交换到了求职者的手里。换位思考，

Dreamtimes 在市面上销售的时候，不用任何广告作为宣传推广，表面上看是把所有的选择权都交还到消费者自己的手中，但其实这只是一个欲迎还却的姿态，是逆向营销。

Dreamtimes 对求职者的六大要求是：

1. 薪水不是放在第一位的

2. 没有"混饭吃"的可能

3. 没有朝九晚五的工作时间

4. 要有责任心和事业心

5. 有务实精神和开拓精神

6. 要有一定的专注精神

其实这六大要求放在任何一家公司都是最基本的条例，但 Dreamtimes 的聪明之处在于它仅仅只是提出了这六条内容，从而让所有梦想的年轻人看到接近梦想的希望，而不是用过多的条条框框来约束跨越，最终会有很多人在没有开始之前就已经放弃。这就像是 Dreamtimes 推出的梦想三部曲一样，最复杂的护肤也仅仅只是需要三步，因为梦想从来都是触手可及，而不需要费尽心思才能得到。

概括来说，Dreamtimes 在年轻人时尚占据了大半江山的原因只有一个，给他们一个梦想，并且还给他们一个实现梦想的机会。在针对于年轻人的营销的时候，在关注他们口袋里到底装了多少钱之前，先要关注他们肯为梦想埋单多少。因为有时候，梦想是需要透支的。

可口可乐——喝出"年轻"的口感

1894 年 3 月 12 日，瓶装可口可乐开始发售。自此开启了饮料市场上一次过百年的销售传奇。

即便是把整个营销的眼光放大到所有行业，能够在百年的时间中一直保持畅销不衰的品牌也都是屈指可数。但可口可乐却很轻易地做到了这一点。而且，作为一家百年老店，可口可乐却从来没有让自己的步伐迈入老龄化社会。作为一款全民共享的饮料，可口可乐在年轻人群体中的口碑也相当不错。虽然不像它的竞争品牌那般请大牌明星做代言，但可口可乐却也有自己独特的营销妙招。

百年老店，最正宗的感觉

不论你是否喝过可口可乐，人们都知道只有它才是最正宗的可乐，其他的可乐品牌都是后来的效仿者。而且绝大多数人也都知道，可口可乐至今还保持着最原始的配方，它的制作秘方放在一个保险柜里，只有所有的董事会成员同意才能打开这个保险柜。正是因为这一份神秘，才让可口可乐一直都保持着足够的话题性。这个话题不是关于可口可乐是否好喝，而是究竟有没有喝过可口可乐。

对年轻人来说，尤其是年龄更偏小一些的年轻人，能够尝到史上最正宗的可乐的味道，本身就是一件值得炫耀的事情。可口可乐从来都不会把这一点作为自身的宣传内容，但同时它也从来没有刻意回避过自己的历史。哪怕是针对年轻人做的广告宣传，可口可乐也从来不会把自己刻意年轻化。所以一百多年过去了，到了今天全世界每一秒钟就有10,450人在喝可口可乐。因为不论时代如何变迁，这个世界上再也不会诞生第二个比它还正宗的可乐了。

只要年轻人喜欢喝可乐，就一定会去品尝史上第一家可乐公司制造出来的碳酸饮料。这是根本就不需要去考虑的必然。

捆绑销售，是最绝妙的选择

而在全世界范围内，麦当劳快餐店的盛行也让与其捆绑销售的可口可乐赚到了另一桶金。这是百年老店加百年老店的销售模式，最后实现的结果完全是 1+1>2。如果吃汉堡的时候没有可乐,那就一定是缺少了一些什么。

人们对麦当劳的追捧近乎狂热。没有人去质疑这些高热量食品带来的副作用,正是因为它的方便快捷,才更得生活和工作节奏都非常快的年轻人的欢心。可乐搭配汉堡,不只是给年轻人提供了一份午餐,更是给他们节省出了更多的工作时间。即便在中国市场上,这样一份快餐的价格要远远高出国内小吃店的价格,但从麦当劳里拿出来的食品相对来说更加有保证,年轻白领们相信的是汉堡加可乐的组合。而麦当劳更是孩子们的天堂,在依旧把吃一顿麦当劳当作是家长对子女的一次小奖励的情况下,会有更多的孩子无意识地认为,麦当劳里面销售的杯装可乐一定是要比超市里面销售的罐装可乐要好喝,何况里面还加了冰。

当自身的品牌不足以让消费者形成大量购买冲动的时候,不妨试一试和相邻近的其他品牌做搭配销售。这是相互借力的过程,同时也能够给消费者更好的消费体验。就像是在电影院中一定要买可乐加爆米花的组合一样,从没有人这样规定过,但这却是年轻情侣在看电影的时候不约而同的选择。很多时候,时尚并不是高不可攀的对象,它只是你身边一件看似不起眼的小事情,甚至只是如同喝可乐这么简单。

捆绑销售带给消费者的内容,总是会远远超过他们的心理预期,否则这将是一次彻头彻尾的失败的尝试。

再老的品牌,也可以永葆年轻态

如果可口可乐从诞生的那一刻到现在一直都保持着一成不变的模式,那么现如今还会有多少人购买?如果当初它是以最年轻的消费者来定位的话,那么随着时代的变迁,世上恐怕早已经不存在可口可乐的忠实消费者了。

诞生超过百年依旧保持热销并且在年轻人的消费群体中始终有着好口碑的可口可乐,其实一直在默默地改变着自己的形象。

1982 年，可口可乐改变了广告主题。前 CEO 郭思达说："用我们的新口号'Coke is it'，自豪地表明我们是第一的；我们以前的口号'Have one Coke and Smile'非常好，但我们正处于激烈竞争之中，这口号像一句民谣。竞争势头已从纽约（百事可乐的总部）转移到了我们亚特兰大。"这简单的一句话说明的道理是，可口可乐其实一直在寻求转变。每当发现竞争势头不足以占据优势的时候，可口可乐都会改变自己的宣传语。自诞生以来，可口可乐前前后后改换的宣传口号有数十次之多。平均下来，几乎每隔一代人的年纪，可口可乐公司就会对自己旗下的产品进行一次营销推广上的改变，以确保自身永远都不会被时代落下。

此外，可口可乐的曲线瓶身设计也是别有味道。据设计师讲，这是根据年轻女性的身体曲线设计的一款瓶身。当不同的男女将它握在手中的时候，喝下一口可口可乐，仿佛就能够感受到和一位曲线玲珑的美女在一起。这是在激发人们潜意识中的快感，尽管有很多人意识不到，但当可口可乐的瓶子紧握在自己手中时，这种愉悦的感受会马上被传递出来。

基于此，可口可乐一直都很少去宣传自身在口味上的独特性。不管是宣传口号的变更还是对瓶身的重新设计，都强调的是喝可口可乐的时候给消费者带来的独一无二的畅饮的感觉。这样的感觉不是其他可乐品牌能够简单效仿的，它包含的还有更多的个人情绪在里面。在超越百年的发展历程中，可口可乐已经培养起了一大批忠实的粉丝，在他们的影响下也会有越来越多的人加入到喝可口可乐的行列中来。

尽管其一直都没有把"年轻"作为特别重点的宣传口号，却永远都是紧随着时代的脉搏而改变着自己出现在大众视野中的方式。在倡导低糖的今天，可口可乐公司推出了无糖饮料"零度可乐"。它引领的是消费者的消费理念，这要比引领消费者的消费方式和消费金额更值得人敬佩，因此也更容易占领相类似的市场份额。

而可口可乐旗下的"芬达""雪碧"等品牌，也都有各自的具有年轻态度的卖点。其实，可口可乐公司一直倡导"积极乐观美好生活"，公司的经营者认为这是对整个世界的承诺，通过改进每一个人的工作和生活方式，在每一件事中融入可持续发展的理念。不论是饮料符合可持续性发展的包装，还是饮料本身满足消费者对补水的需要，当一款产品始终站在把科技带进生活的理念中的时候，它永远都不会走向衰老。

可口可乐虽然是一则看起来略微有些特殊的例子，但它却是用自己的真实行动来证明"年轻"这个词。这是值得所有的企业和营销机构效仿的方式。即便是对于年轻人来说，"年轻"两个字也从来都不是口号，而是实际行动。如同电影台词中说的一样，它虽然有一副60岁的外表，但却始终有一颗18岁的心。

美邦凶猛——不走"寻常"路

对于年轻人来说，最无法接受的一件事情便是"寻常"。他们都有各自不同的理想，但没有一个人是在畅想自己会平平淡淡地走过这一生。这似乎是任何时代年轻人身上都有的特质，人不轻狂枉少年，每一个年轻人都希望能走一条不寻常的道路。

大到对人生道路的选择，小到穿衣打扮，只有处处彰显出自己的个性和不同，才是年轻人的态度。在这一点上，迅速崛起的服装品牌"美特斯邦威"就取得先机。其实，这依旧是一次对个体定位的过程。在寻常和不寻常之间，能够找到自身的定位，不仅仅是年轻人需要考虑的问题，也是每一个企业、每一个品牌以及每一次营销都必须贯彻始终的难题。

和许多国际大品牌不同的是，美特斯邦威没有深厚的家底，也没有足以细数多年的历史，这正像是正在上学或者刚刚走上社会的年轻人一样，在人生的路程上他们都只是一张白纸。白纸并不难看，只要你懂得怎么样去描绘自己的梦想，世上就不会存在苍白的人生。美特斯邦威制胜的一大优势就在于它的年轻，因为年轻，所以无所畏惧。本来就不用背负什么历史销售业绩以及口碑的问题，只要敢打敢拼，秉着"打死一个够本，打死两个赚一个"的精神，摆在美邦前面的营销之路便没有太多的障碍。

嚣张广告语，证明的是一种态度

美特斯邦威的广告宣传语是"不走寻常路"。这句话有两层含义，一是什么是"寻常路"，二是究竟有谁在走"寻常路"。如果往深处挖，就会想到所谓的"寻常路"就是商家惯用的在消费者身上谋取暴利的手段，美邦的这一口号实则是在暗示所有的潜在消费者它自身的与众不同，不仅只是价格和质量，更侧重于在经营态度上，这也就使得美邦的理念深入到每一个年轻消费者的心中。

二是那些走寻常路的商家，则在无形中躺着中枪，被美邦的一句广告语就划定到了"坑蒙拐骗"的行列中。虽然没有任何明确的提示，但年轻消费者就是喜欢这么直白地表达自我的态度。当穿美邦就是代表个性的消费理念深深烙印在他们脑海中的时候，其他所有的服装品牌便沦为同质化的产品。仅仅只凭借一句恰当的广告语，美邦就能让自己站在销售的巅峰，关键的原因还是在于它抓到了年轻消费者消费的根本动机。很多时候，他们根本就不是缺少一条合身的牛仔裤，而是缺少一条可以穿得与众不同的牛仔裤。这样的与众不同不是在裤腿上挖上一个洞来扮演朋克风，而是深深隐藏在服装内涵中的低调的华丽。

明星也要选张脸

在全面娱乐的年代，不请明星代言商品的商家肯定是最不会打生意经的。但明星该如何请，也有很大的学问。

美特斯邦威请到的最大牌的且在年轻消费者心目中最具有人气号召力的明星是周杰伦。

在流行音乐界,周杰伦的的确确是个异类。从第一张专辑的小试牛刀,到第二张专辑的一鸣惊人,再经过第三张专辑的循序渐进,一直到第四张专辑的霸气凌人,一路走过来,周杰伦的音乐始终处于风口浪尖中。一方面是一边倒的叫好声,另一方面却是对他吐字不清的音乐内容的嗤之以鼻。不论评论界怎么看待他和他的音乐,周杰伦的专辑几乎是每出一张都能在短时间内爬上到销量榜的榜首,歌迷对他的拥戴也可见一斑。

奇妙的是,正是这样一个歌手,在绝大多数年轻人心目中占据了整个青春的回忆。他们不只是听周杰伦的音乐,更是欣赏周杰伦做人做事的态度。正是因为有争议存在,才让这一群年轻人感知到了自我存在的价值。对于传统音乐界来说,周杰伦的出现是一次最彻底的颠覆,他从来就没有想过要乖乖地去讨好哪一个音乐节的评委,他也从来没有想过要去稳稳妥妥地走一条成名之路,他每一张专辑都有不同的曲风,他要做的正是"不走寻常路"。

所以我们不得不佩服美邦选择的正确性。尽管选择一张明星脸可以给自身的产品品牌带来的促销效果十分明显,但如果能够稍加心思选择一位和产品本身的气质相符合的明星,带来的将是出乎意料的效果。就像是韩寒之于凡客,而不是外星人罗纳尔多莫名其妙地出现在金嗓子的广告片中。

任何一个年轻消费者虽然会为了感情去掏腰包,但这却是一把双刃剑,因为在你选择某一位明星的时候,恰好遇到某些负面丑闻或者即便只是单纯地不喜欢,都有可能对自己的商品起到反作用。真正选择的诀窍在于,即便是请明星做代言,也从来都不要放弃自己商品的理念。即便如周杰伦这等大牌,也要完完全全符合"不走寻常路"的理念,所以即便依旧有大量不喜欢周杰伦的年轻人,却从来都没有喜欢走寻常路的年轻人。消费者认定的是周杰伦做音乐的态度，而不是音乐本身。当一个明星出现在代言的广告中时，他便是商品，而不再是自己的作品。

从草根到英雄，只走励志路

"美特斯·邦威"是上海美特斯邦威服饰股份有限公司于1995年自主创立的本土休闲服品牌。目标消费者是16~25岁活力和时尚的年轻人群。品牌致力于打造"一个年轻活力的领导品牌，流行时尚的产品，大众化的价格"，倡导青春活力和个性时尚的品牌形象，带给广大消费者富有活力、个性时尚的休闲服饰。这一切都是浮华的宣传口号，真正让年轻人觉得美邦可以信赖的原因在于它的成长历程。

美邦是本土品牌，是一个十足的草根，想要在国际品牌丛林中占有一席之地有许多困难要克服。消费者或许并不关心美邦是如何一路披荆斩棘走过来的，但在短短几年的时间中，美邦的终端销售店达到了数千家，销售额也屡次创新高。2012年8月8日中国最有价值品牌100榜揭晓，美特斯·邦威以61.69亿元居第52位。这些实实在在的数据是不会造假的，在年轻消费者心中，美邦这个品牌完全就是一次从草根到英雄的现实之旅。

美邦企业内部有一句格言是："有什么心态就会有什么成就。个性决定命运，很多同志眼界开阔了，心界却没有提高，被胜利冲昏了头脑，眼高手低，这是非常危险的。"虽然年轻消费者们尚处在创业阶段，对于这样的成功经验还没有足够的认知，但是他们愿意去接受先行者的经验和教训。这是任何一个有能力从草根走向英雄的人都需要历经的过程，也是一个品牌可以赋予消费者最大的影响所在。

所以对年轻消费者来说，很多时候不仅仅只是想买一件美特斯·邦威的衣服，哪怕只是到美邦的店里去转一转，也足够让自己心中得到一些满足。这，正是美邦的凶猛之处。

天翼飞young——年轻"活出样"

当网络进入移动时代后，年轻人的市场就成为通讯市场的大头。尤其是在智能机日渐普及的今天，任何一个年轻人可以不看报可以不看电视，但是却不能随时随地没有手机上网。因为传统的2G网络对上网的限制太大，当3G时代来临，也就意味着行业内的新一轮洗牌。

中国电信在通讯市场一直都不算是大牌，直到3G平民化。无可否认，3G是属于年轻人的游戏。所以中国电信特意推出了一款3G套餐品牌"天翼飞Young"，它的宣传语是"Young or never！"翻译成中文便是"年轻活出样！"

这同样也是一句十分嚣张的广告词。年轻人有年轻人的态度，年轻人有年轻人的生活方式，他们不想照上一代人的样板生活，所以"年轻活出样"这句话广告语实则能够很好地激扬起年轻人的共鸣，而这只是中国电信庞大战略中的一小步。

异军突起，搅浑市场

中国电信之所以会得到如此多年轻人的信赖，很大程度上源于它自己的身份。电信原来只是在固话和宽带行业占有一席之地，移动市场并不是它的菜。但随着行业重组和3G时代的一夜袭来，中国电信也迎来了新一轮的春天。

在年轻消费者看来，并不是电信和联通哪一家的服务和网络更好——实际上现如今在这两方面早已经失去了对比的价值——他们看中的是电信作为移动行业内的一个新鲜分子，势必是要打破移动和联通对行业的垄断。年轻消费者身上具有的变革的精神也充分体现在他们的消费方式中，他们希望行业重新洗牌并且能够让消费者得到更多的利益和优惠，而中国电信恰恰正在做这样一件事情。如此，便能够很轻易地俘获年轻消费者的反传统的心。

给年轻一个机会

恐怕这个世界上没有一个年轻人会认为年轻不是一件好事情。尽管在青少年阶段，因为年轻和经验的问题总是会犯不少的错误，但年轻是一种态度，年轻人渴望无拘无束的独特的个性主张，自然也希望在使用通讯品牌的时候也有年轻的理念在其中。

和中国电信稳健厚重的一贯的风格不同，天翼飞Young品牌个性鲜明、激情飞扬。其标识以缤纷的万花筒为创意原型，不拘一格的色条从中心圆点向四处衍射，彰显了年轻人活力四射，多元开放、真诚坦率，也代表着天翼飞Young与众不同的多彩服务。

与此同时，中国电信在发布天翼飞Young品牌的同时，也表达了"我是3G的未来，我要飞，我要你们看见我的想法，我要你们听见我的声音，我是飞Young。年轻是一种态度"的年轻新主张。这是天翼飞Young的品牌宣传文案，其内在的鼓动作用十分明显。年轻人都有一颗想飞的心，但却并不是每个人都能实现想飞的愿望。有的人受制于家庭，有的人受制于经济，但不管是什么样的原因，在中国电信看来，每个人都应该给年轻一个机会，去实现久藏在心中的梦想。

在梦想面前，年轻人往往会毫无抵抗力。"想到就要做，有梦就要飞。趁年轻，我要活得有型有样，多彩多样！我要成为榜样，我就是我的榜样。我要活出无限可能！"当天翼飞Young一遍遍重复着这样朗朗上口的语句时，消费者心中燃起的是年轻的激情。

匹配90后

其实在消费市场上，90后一直都是很容易被忽略的群体。但在3G时代，他们却是最主要的消费大军。"微博控"、"手机控"等都是90后的专有名词，凡是能在移动互联网时代帮助90后秒杀一切限制上网的服务商，就必定能占据这一庞大的市场。

中国电信在整合自身网络、应用、服务等各种资源优势的同时，联合移动互联网行业上下游的终端厂商、各大互联网门户网络站，共同打造产业价值链，使天翼飞Young上市伊始便具备一系列后发优势。跟以往品牌相比，天翼飞Young无论是90后群体属性的匹配度，还是套餐设置、定制终端、特色服务等，都后来居上，实现全面的重大突破。

与众不同的特色应用，时刻为年轻人打开专属领域：爱音乐、天翼阅读、爱动漫、爱游戏、天翼视讯等这些中国电信独有的移动互联网丰富的应用和服务，还为年轻人打造了专属沟通工具翼聊飞Young版，更有独一无二的云技术推送到15款定制终端上，让海量数据高速更新、下载，探索没有阻碍，是真正的"云端"享受！

统一账号：手机号就是翼聊号、微博号、QQ号、邮箱号，一次认证，自由随心，这又是天翼飞Young独有的一个特色服务。

贴心的服务和套餐：校园内外统一推广19\39元飞Young套餐，购机送话费补贴模式，0元购机\合约计划等热销政策，让年轻人时时在线全无顾虑。除套餐内超大3G流量外，超出套餐外流量每兆仅6分钱，让年轻人可以在移动互联世界里随心所欲，纵横无限！门槛低、越用越便宜是飞Young的另一个突出卖点。

大屏智能3G终端：包括三星、摩托罗拉、夏普在内的15款国内外知名品牌的专享天翼互联网明星手机，不仅性价比高，而且具备时尚外观和配饰。

服务：以互联网和移动互联网自助服务为主导，微博客服、QQ客服、网掌厅、天翼飞Young客户俱乐部给年轻客户时尚且尊贵的体验。

这一切专门给年轻消费者定制的服务内容可谓是面面俱到。中国电信的这项服务标准只有一个，那就是只有想不到没有做不到。很多时候，商家为消费者只需多提供一份贴心的服务，马上就能换来更多的好感。就像是在海底捞吃饭排号一样，其他火锅店的消费者只能干等着，而海底捞的小吃却足以让顾客心甘情愿多等一小时。服务往往不在于提供的商品质量到底有多好，于细微处才能见得到真心。所以即便是十分难以搞定的 90 后，天翼飞 Young 也是用一点一滴的诚心打动了这一块坚实的壁垒。

由此，"Young or never（年轻活出样）"就不再仅仅只是中国电信天翼飞 Young 的一句宣传口号了。它代表的是年轻一代的生活理念，更被天翼飞 Young 奉为自己的品牌主张。当一个品牌主张年轻态的时候，对年轻消费者心理的准确把握是制胜的前提。中国电信做到的，其他企业同样也可以做到，唯一的不同点仅仅在于你提供的商品和服务的对象有些微差别。在理念上，所有的成功者都有着相似的品格。因为年轻，就要有"年轻样"。

中国电信在已经被定型的通信市场上成功地分到了一杯羹，并且地盘有越圈越大的趋势，从根本上离不开其作为后起之秀的勇猛精神。中国电信其实只需要做一件事情，那便是打破当下的市场格局。所谓"活出样"，最基本的一点定义便是要有自己的态度，不论是面对人生战场，还是面对商业战场。

新东方学英语——Yes，you can!

从来都不要教年轻人说"No！"，所以以英语教学而知名的新东方打出来的口号是"Yes，you can!"，这是极具有鼓动性质的一句话。年轻人身上从来就没有什么负担要背负，如果非要给他们加一个重量的话，那也只能是对未来的期盼。但他们早已经听够了要小心翼翼谨慎行事的说教，对未来，他们有自己的把握，每走一步都希望是在自己的计划之内。所以当你对他们说出"你能行"的时候，莫大鼓励的力量要远远大于任何逆耳忠言。

但这并不等于从此就可以开始贸然行进。即便是有大把的青春可以挥霍，人生也从来都不是可以放肆的。新东方英语培训也是一样，虽然在崇尚个性的时代他们鼓励每一个学生都能在学习过程中充分展示自己的性格能量，但这一切都有着最基本的前提：

统一规划从来都不是过时的问题，关键是要能够统一出高标准

统一，这个词很惹年轻人的反感。一提到这个概念，在年轻人脑海中浮现出来的总是统一的校服、上课坐成一排等等死板的印象。这是教育的悲哀，因材施教的概念早已经被统一的概念所代替，所以当他们逐渐开始在社会中占据主流时，心底被压抑的个性急需被释放出来。可即便是释放个性，也需要有一个标准作为限度。

也就是说，年轻人反对的不是统一规划这件事情，而是在统一规划中始终让自己感觉像是一个被人摆布的棋子。那种对自己失去了把握感的状态，才真正可怕。

然而在新世纪开始崛起的新东方并没有大片采取国外所谓的"民主教学"，而是依旧对前来新东方学习的学生进行了统一规划。各地新东方学校采用统一的品牌、统一的师资调配、统一的基础教材、统一的授课质量、统一的投诉系统、统一的教学服务、统一的教学管理制度，从而确保了各地新东方学校能够为所有学员提供最高水准的教学和服务。最亮点并不在新东方制定这些统一标准的过程，而是在于它的目的——让不同地区的学院都能感受到最高水准的教学和服务。因为学生花钱是来学英语，不是到这个固定的校区来放纵自己的个性。只有高质量的教学，才能满足他们内心对于梦想的渴望。

截至 2011 年 5 月 31 日，新东方累计面授学员超过 1200 万人次。这个庞大的数字其实也说明了一点，梦想这点事，对于年轻人来说甚至比一切都要重要。他们可以为了梦想而改变自己现实生活中存在的种种问题，而他们需要的，仅仅是自己所购买的产品以及服务能够为自己提供一个实现梦想的机会或平台。新东方做到的不是教育和服务，而是这三

个字的品牌早已经成为了梦想直通车的代言。

原创精品，坚守独属于自己的阵地

依托于新东方英语的口碑而成立的北京新东方大愚文化传播有限公司，作为集团文化产业系统的龙头企业，坚守"原创精品"的理念，主要从事图书、期刊、音像的编辑、出版、发行及零售业务，为广大读者提供高质量的基础教学产品和服务。

重点不在于新东方在多少个行业和领域都有涉猎，也不在于在新的学期新东方到底招了多少学生，更不在于它曾经培育出多少业内知名人士，年轻人不是不关注这些对比，而是更关注在对比之下新东方究竟凭借什么来给自己带来实惠。

每个年轻人都是一个个体，不论是张扬个性的80后，还是极度自我的90后，他们现如今都开始要面对职业和人生的选择了，去学英语也是对于自我的主动提升。所以他们不希望去嚼被别人嚼过的甘蔗，不希望去学从中国人口中说出的英语。他们不仅要求在语言上的本根性，更要求教学机构有自己的特色，而不是千篇一律。

尽管听起来似乎很常态，但这实则是一项很高的要求。没有任何一家教学机构能够全部都聘用外教，但新东方却找到了其中的平衡点。新东方法语教师的招聘与选拔更是本着优中选精、出乎其类、拔乎其萃的原则，法语教学团队之中既有留法多年的神经语言学博士，又有深谙教学之道、精通中国文化的法籍专家，95%的教师都具有法国留学和生活背景，对中法语言和文化的深刻解读使得新东方的法语培训深受广大学员的认可。

日语教学团队中既有毕业于日本一流学府、教授日本人日语语法的教育心理学博士，又有深谙中文、课堂趣味横生、教学立竿见影的日籍教学专家；既有多位留学归国精英，又有来自高校的教学中坚。对日本文化的深入认知与对日本语的独到解析，铸就了新东方日语培训在业界的卓越声誉。

2010 年新东方多语种部又成为了德国弗伦斯堡大学官方授权的 DSH 考点，使广大学生不必出国即可以参加 DSH 考试，极大地便利了学生们去德国留学。莘莘学子慕名而来而学有所成，无疑是新东方德语对社会的最大回报与贡献。

新东方给所有学员输出的一个概念是"原创"，即便做不到纯原创，最起码也是走了原创范和国际范。新东方每一个老师的表现，不只是代表着新东方，更是在给每一个学员输出未来的希望。他们从老师的身上看到的是自己将来可能达到的目标，这是最快的学习方式，当有人和你对比、竞争的时候，没有一个年轻人愿意就此输掉。因此，原创对年轻人永远都有极大的激励能力。因为"原创"这个词实则展现的是个人的实力，是对每个个人的肯定。在实现未来的梦想之前，他们不仅需要激励，更需要肯定。

新东方做的所有一切，从来都没有否认过是以盈利为目的。但包裹在商业内核之外的，是这个教育机构散发出来的人文光辉。在人文感情的冲击下，任何人都没有足够的抵抗力，即便是已经"嚣张"习惯的年轻人。他们平时的冷漠，仅仅只是想要掩饰心中的热情。尽管有些人在报名之前还在犹豫不决，其实在这些年轻人一只脚踏进新东方的大门时，他们自己心中早已经有了决定。只是他们在等待着有人和他们说一句"Yes，you can"，然后才敢于迈着大步向梦想前进。年轻人以及年轻市场上，永远都需要这样一份对于梦想的激情。

魔兽战场——创造最伟大的"娱乐"

尽管年轻人都爱玩游戏，但他们从来不愿意听到长一辈的人对自己教训说天天都把时间浪费在这些毫无意义的事情上。对他们来说，游戏不只是为了休闲，这更是他们的生活方式，是人生中不可或缺的内容之一。

对上一代人来讲，游戏从来都不是正当的事情。但80后是伴随着很多经典游戏长大的，他们又恰好赶上了电脑普及的时代，同时也见证了网游的兴起。很少有80后没有玩过网络游戏，即便是最简单的开心农场，其实也属于网游的概念。

对于已经步入了职场的他们来讲，游戏是在工作之余闲暇放松的方式，但更是他们人生中不可获取的一项内容。甚至有越来越多的人开始怀念起当年在大学宿舍里一群好友没日没夜打魔兽的日子。或许，魔兽世界这样的战略性游戏永远都只适合男性玩家，但这并不等于说女性群体中就缺少游戏的爱好者。尽管她们玩的可能只是连连看等一些益智类的小游戏，却也足以说明游戏这个概念在这一群年轻人群体中的根深蒂固。

游戏，也可以是一种态度

暴雪公司是游戏产业的一个神话，10年时间创造了一个空前的经典。它的成功具有许多的神秘色彩，但有目共睹的是，在群雄纷争的游戏业，制作权威性作品一直是暴雪的愿望和动力。暴雪公司的带头人曾经说过一句话：对于我们父母和更上一辈的人来说，制作游戏几乎不能算是一份工作！

在当今游戏界，暴雪公司是无人能及的巨头。其产品包括魔兽争霸系列、星际争霸系列以及暗黑破坏神系列，魔兽争霸及星际争霸均被多项知名电子竞技比赛列为主要比赛项目。这说明两个问题：一是靠着制作游戏起家，在当今世界已经是极为普通的一件事情，游戏也可是工作，而不是简单的娱乐；二是游戏甚至已经被当作如同赛车一样的竞技方式，有比赛、有胜败、有奖金、有荣誉。游戏给玩家带来的一切，已经和现实生活中的一切再无二致。此时，如果只是把游戏当做一种令人沉迷的不良产品，就有失偏颇。

在年轻人的阵营中，娱乐是最至上的条约。没有什么能够超越娱乐，生活和工作最后的本质也只是为了能够更好的娱乐。偏偏游戏这个行业具有的特殊性让崇尚娱乐的年轻人不可避免地着迷。因此，你若是否认游戏在现实生活中的意义，几乎就等于否认了年轻人所秉持的一切概念。

所以在网络已经延伸到每个人生活最私密处的当下，游戏也需要有一个更为广阔的市场。他们请当红明星代言，如周杰伦曾经就代言了魔兽世界，以便更容易地在年轻人市场中打下更多的攻坚战。因为在年轻人的群体中，游戏已经不是一种休闲的方式，而是代表了一种态度。

不仅游戏本身如此，甚至需要以年轻人为主要市场的其他内容也都极尽能事想要傍上游戏的名号。如电影《铜雀台》上映前，尽管有刘亦菲、苏有朋等对年轻人极有杀伤力的主演坐镇，但在宣传上依旧要傍上三国杀的游戏名号，以便能在当今都市白领中间引起更多的共鸣。

任何产品在上市营销的过程中，如果你做不到是他们的必需品，那就做他们最喜欢的一个。

游戏，更是一种人生

在全球游戏业，竞争之激烈已经到了你死我活的程度。在这种残酷的竞争中，暴雪的游戏上市为什么都能卖得那么好呢？简单地说，暴雪的开发原则可以归结为一个词："有趣"。用玩家的话来说，暴雪的游戏具有深度耐玩性，几个月的时间根本无法把握其中的精髓。《星际争霸》玩上三个月的时间，一般来说只能初窥门径，钻研的空间非常大。暴雪公司在10年的时间内总共推出13部游戏（不包括资料片），其中"魔兽系列"占了多数。严格地说，只算暴雪最成功的三部系列游戏，平均三年磨一剑。暴雪的发展史就是这么简单。

魔兽系列之所以能够吸引全球无数玩家，最关键的一点就在于它需要你不断地去钻研，才有可能提升技能并达到最高级。这看似是一款游戏，实则却是在讲述我们每一个人的人生。就像是游戏中有胜有败一样，人生也是一样。每个人的生活都是打怪升级的翻版，只不过有的人在游戏中逐渐沉迷下去，有的人却从游戏中领悟到了现实。那些沉迷的人，永远都不是游戏市场的主流，只有那些能在游戏中思考的人，才会一直追着游戏的开发，就像是一直都为自己的人生保持更高的追求一样。

所以说，即便是游戏行业，想要在年轻人的市场上站稳脚跟，也永远都需要不断地去突破自己。年轻人虽然在年龄和人生经历上并没有太多的深度和厚度，但正因为他们对未来充满了期望，所以才会愿意在现实的困境前面一点点摸索、学习、前进，这正是游戏教会他们的人生哲理。

所以，永远都不要害怕游戏人生的概念，人生本来就是匆忙一场，懂得游戏才更懂得人生。但想要在游戏市场营销出奇迹，如果不把人生的概念带入其中，恐怕最终也难以实现。游戏给人的不应该只是娱乐，更应该是励志。

这也是暴雪公司的产品能够火遍全球的原因所在。不论是暴雪公司自己的成长历史，还是其旗下产品所表达出来的概念。暴雪的两位创业者的目的都很明确：做自己喜欢、更受玩家欢迎的游戏。最终他们挺过了最艰难的时期，促使他们坚持下去的动力是：制作伟大游戏作品的机会；对事业的执着追求；对公司未来的向往。单单是这样一个励志故事，就足以在年轻人群体中引起更多的共鸣。尤其是当看到自己的同龄人通过或多或少的努力而实现成功的时候，对年轻人心灵的触动是其他任何事情都无法比拟的。因为人们都是在各自的对比中不断进步着，年轻人从来都不是个例外。

而暴雪的一条人才策略是"只有对事业达到了偏执狂的程度，才能有忘我的工作精神"。这正是年轻人玩游戏的精神，也是暴雪希望所有的玩家都能够从游戏的世界中体悟到并且应用到现实世界的精神。"永远致力于创造最伟大的娱乐体验"，这就是暴雪的宗旨，更是所有年轻人人生的宗旨。在营销活动中，如果不懂得如何更好地娱乐，那就证明其根本就不了解年轻人市场，又如何能够创造出新一代的年轻化消费？即便你经营的是游戏行业，也该明了这一法则。

中国好声音——"梦想"永远都有翅膀

2012年夏天，浙江卫视的一档综艺节目《中国好声音》火爆了荧屏。整整一个夏天，全中国人似乎都在为了能够一展歌喉而兴奋不已。

《中国好声音》的成功看似是偶然，实则它每一步背后都有着鲜明的因素。在娱乐至上的年代，在超女、选秀等话题已经泛滥成灾的年代，想要再做出一档十分优秀且能够掀起全民信仰的娱乐活动势比登天。但《中国好声音》的决赛之夜却以将近30%的收视份额令中秋档和国庆档的所有节目都丢失了声色。更令人感到惊奇的是，平时很少看电视节目的年轻群体，这一次贡献出来的力量超乎想象。究竟好声音这档节目有什么魔力，可以吸引年轻人的逆袭呢？

即便是娱乐年代，品质也是最好的保证

席卷海外的荷兰音乐节目《The Voice of Holland》的中国版——大型专业音乐真人秀《The Voice of China——中国好声音》，既不是粗制滥造，更不是山寨复制，而是直接买进了原版版权。当《The Voice of Holland》已经红遍了全球的时候，原版引进是可以保证原节目最好质量的方式。并且据传，《中国好声音》导师坐的四把椅子都是直接从国外运送过来的。

这一切，都在给人们传递一个信息，这一次的电视产品，要做的是真正具有国际范儿的内容。因为在娱乐的年代，在真人秀节目都趋向于表演化的年代，更多人开始想要知道国外的真人秀究竟是怎么样的操作流程，好奇心促使了最后的成功。

当然这还不是《中国好声音》的王牌杀手锏。真正让国内观众感到

新奇并且有些大吃一惊的是导师的盲听环节。不看重长相，不看重舞台表演，一切都只是围绕"好声音"的特质有条不紊地进行。这对于年轻人来说，尤其是对于有着唱歌梦想的年轻人，无疑是最有吸引力的。事实也证明，后来《中国好声音》中出现的选手都是看到了盲听的赛制才报名参赛。公平、公正且公开，成为《中国好声音》成功的法宝。

不只普通观众叫好，电视业界也一片赞赏之声，主持人李静在微博上感叹："看到这样的好节目出现，由衷地佩服！这个幕后团队是多年执着，激情有创意跟执行力的一群人，为他们高兴！"央视主持人王梁也猛夸："没有居高临下，只有惺惺相惜，没有虚荣造作，只有全情投入，没有新奇特，只有好声音！"姚晨、冯小刚、李湘、吴佩慈等众明星也在微博上转发推荐。

尤其是四位在歌坛具有相当地位的导师坐镇，更让观众感知到了这一档节目的诚心。年轻人虽然并没有太多的社会经验，但他们是在娱乐年代长大的。所有的人都喜欢娱乐，但没有人喜欢故意表演出来的娱乐。在年轻市场上，诚实永远都是第一法则。即便是营销宣传，也从来都不要以花言巧语骗得观众的信任。这样的信任只能是一时，却难得一世。

梦想，是从来都不会失败的法宝

年轻人是初出茅庐，尽管他们有着天大的梦想，可是在现实生活中难免会遭遇到不公平的对待，不论是上下级之间的压制，还是同事之间的彼此猜疑，都让年轻人在疲于应付人情往来中忽略了梦想。他们想拥有这样一个机会，但却一直找不到合适的平台。

《中国好声音》纵然只是给爱好唱歌的年轻人提供了一个实现梦想的舞台，但它却吸引了更多有梦想的人去观看，去为了同龄人能够在这样的舞台上实现梦想而激动。青春是一件具有传染性的东西，年轻人之所以被这档节目吸引，正是因为从中感受到了选手能够实现梦想时的喜悦。尽管也有失败，但失败却给了人更多的鼓励。

回到现实生活中，人的一生也恰似在舞台上表演。有的人成功，有的人失败，有的人是最不被注意的黑马，这一切都是年轻人在成长的过程中所必须接受的。给予年轻人梦想并且实现梦想机会的节目，从来都不用担心收视率的问题。因为它抓住的年轻人内心深处最本质的一件事情，是他们一直想要讲述却从来都不敢碰触的区域。

而且《中国好声音》节目组给每一位学员都许下了令人心动的未来，并且通过巡回演唱会等方式一步步地为每一个人在通往超级巨星的道路上加油助威。某商演公司负责人说："现在《中国好声音》选手太牛了，16强选手报价都是10万以上，这还仅是劳务费。"这不是一个节目给予年轻人观众的感染，而是这档节目的主角。正是因为能够从中看得到和自己相似的历程，所以才会触动感情的那根弦。

哪怕在现实中永远都无法实现自己心中的梦想，也要在娱乐的国度中寻找一丝心理上的安慰。这是对年轻群体最直白最赤裸的表白。

这一切都是构成好声音现象的最基本因素。然而这样一档全民娱乐的选秀节目的目的显然不只是要吸引更多的年轻观众加入到收视行列中。作为一款产品，作为一次极为成功的营销行动，最后的目的永远都只是利润。《中国好声音》的歌声已飞入千家万户，其不可估量的品牌价值更是惹得各商家红了眼。冠名播出的加多宝品牌豪赌6000万，只为能够给自己的产品带来更大的品牌效益。20天里，《中国好声音》的广告费从每15秒15万，飙升到每15秒36万。

从2013年年初开始，湖南卫视《我是歌手》节目成了一群中国流行音乐"追梦人"续写音乐梦想的舞台，同时掀起了一股风风火火的"真唱热潮"。在乐坛摸爬滚打多年的歌手现场演唱，用最质朴和真诚的方式赢得了电视观众的认可：已经播出的10期节目收视一直保持全国同时段第一，节目收视接连破十。在接受媒体专访时，林志炫曾坦言，相比观众对他的接纳程度，他更关注的还是自己的音乐是否能深入人心。"如果用数字来比喻的话，我可能有百万张销售、有数十万歌迷。但其实我最在意的是一个两位数,那就是希望我的音乐可以让大家听几十年。"

正是这种专注细节、追求极致的精神,让《我是歌手》的参赛者受到追捧。当他们拿着麦克风面对观众,大声唱出他的音乐梦想,然后勇敢面对失败淘汰时,歌者们"追梦"的执着和勇气是最真实而震撼人心的。

其实,需要说的一句话也很简单明了,《中国好声音》的团队从来都不是贩卖音乐,他们只是梦想的搬运工,在让一小部分人实现了自己的歌唱梦想的同时,让更多的年轻人意识到了自己依旧还存在梦想。即便是在娱乐已经统治人脑的今天,梦想,永远都是一个稀缺的词汇。那些提供梦想给年轻人市场的人,从来都不会成为这个行业的失业者。

但是,我们在给年轻人提供了一个梦想的同时,还能够给予他们什么?毕竟,营销本身是一种商业活动,是永远都不能脱离金钱而去空谈理想的。所以,在通过营销的过程给了年轻人以梦想后,还需要告诉他们,要实现这些梦想还必须要有更多的品质,比如奋斗,比如坚持。虽然我们常说条条大路通罗马,但任何一条道路都不是平坦的。不经历风雨,不会懂得彩虹的美丽。这看起来像是一本励志教科书,但却是真实发生在我们生活中的历经。就像是智联招聘网站2013年的开年广告语一样,"不为明媚的忧伤,为了做人更坚强,抬头45度,做个抬头族。"这简单的一句话,既联系到了在年轻人群体中有着庞大数量的青春小说迷,又十分具有文艺范儿地给了人们更多的勇气去面对自己的未来和梦想。因为真正的营销,从来都不是简简单单的买卖关系。每一次在把产品推向给消费者的同时,企业和营销机构承担的是更大的社会责任。

香奈儿——奢侈品多维度乘积的"品位"

这个世界上恐怕没有不知道香奈儿是什么的年轻人。尽管它并不是一个所有人都用得起的品牌,但只"香奈儿"这三个字就寄托了多少人的渴望！香奈儿（CHANEL）是一个有九十多年历史的著名品牌，香奈儿时装永远有着高雅、简洁、精美的风格，它善于突破传统，早在20世纪40年代就成功地将"五花大绑"的女装推向简单、舒适，这也许就是最早的现代休闲服。虽然现代休闲服在当下已经不再是一个新鲜的概念，但香奈儿通过自身多维度的宣传推广，一样使得自己的服装品牌以及香水备受全世界人的关注。尤其是在新成长起来的年轻人群体中，香奈儿更是备受青睐。

这一切的原因，都和香奈儿所传递出来的信息不无关系。

流行稍纵即逝，风格永存

年轻人其实是最难以捉摸的一个群体。他们从来都不掩饰自己对于时尚的热爱，即便月薪微薄，也愿意花重金购买奢侈品来彰显自己的品位。而真正的时尚，也从来都不是后浪推前浪的概念。香奈儿品牌的创始人 Coco Chanel 的口头禅是："流行稍纵即逝，风格永存。"该品牌背后的指导力量，是对时尚的引导，不是对时尚的追捧。

恰恰这一点，正中年轻人的内心。他们渴望在自己的身上展示更具有时尚气息的一面，但却又想要避免和他人千篇一律。对个性的追求和对时尚的热爱，在年轻人的身上会出现矛盾体。但香奈儿解读出来的真正时尚的概念是，永远都要做自己，才不会被所谓的时尚风刮得东倒西歪。当全世界都在盲目追逐的时候，那个坚守自己的人才是他人羡慕的对象。

香奈儿的创意总监 Karl Lagerfeld 经常以其标志性的银色马尾、深色墨镜和黑套装，成为时尚界最醒目的男士。他的这一身打扮，其实并不算是多么招摇另类，但却在自我坚持中透露出了一份自信的态度。正是源于这份自信，才让他成为众多时尚媒体追捧的时尚经典。因为不论在什么时候，喜欢热捧的人们都只懂得效法，却从来都不懂得创造。这是香奈儿告诉所有年轻消费者的一条时尚真理。

无论是带有强烈男性元素的运动服饰（Jersey suit）、两件式的斜纹软呢套装（Tweed）、打破旧有价值观的人造珠宝、带有浓郁女性主义色彩的山茶花图腾，或者是 Marylin Monroe 在床上唯一的穿着——Chanel No.5，Chanel 屡屡挑战旧有体制创造出来的新的时尚。

偏偏这一点内容，最得年轻人的心。他们是积极于改革并且对表达自我有着强烈要求得一群人。香奈儿的成功很大一部分要侧重于其创始人与现任领导者对于时尚的定义，因为品位从来都不是效仿出来的。想要形成自己的时尚品位，最终还是需要每一个年轻人都亲自去体验。即便体验的不是香奈儿的品牌，这样的理念也是由香奈儿传递出来的，只有它才是最大的幕后功臣。

高调的代言

企业找明星代言是最常见的事情，但如同香奈儿一样的国际品牌，其代言的明星必然也有着国际身价。2012 年，香奈儿 5 号香水寻到了国际巨星布拉德·皮特做代言。

"这不是一段旅程，旅程总有终点，但我们会继续。世界在转，我们也随着改变。当计划消逝，梦成为主宰，无论我去哪里，都有你。我的幸运，我的命运，我的未来。"布拉德·皮特以自述形式揭开短片序幕。黑白色调令背景与人物间的对比显得尤为强烈。皮特似乎在为旧日恋人吟诗。他的声音充满情感且极富魅力，无需任何画面就已非常引人入胜。他沉浸在浓烈的爱意中，怀念曾经共有过的美好记忆、梦想与憧憬。香奈儿品牌在其 90 年的历史中首次选择男明星代言，布拉德·皮特与 5 号香水的合作可谓神秘。镜头前皮特率性、随意的装扮虽不极奢但却男人味十足。

皮特身上旷野中透露出来的性感气质完全是少女的杀手锏。但这则广告却不是单纯地要向所有人推荐这款香奈儿的知名香水，皮特是电影明星，喜欢他的粉丝首先是一个电影观众。而能够静下心来看电影的人，对于生活通常都有着自己独特的品位，所以香奈儿依旧是在借助于皮特的口讲出自己的时尚经。

就像是皮特从来都不喜欢正正经经做一个好演员一样，他和美女朱莉谈恋爱并且结婚生子，还领养了一大群孤苦无依的小孩，在慈善界他一直都是常客。这个长得如此帅气的花花公子一般的男人不但为事高调，且做的每一件事情都对自己、对他人有着别样的意义。

香奈儿正是看中的皮特的这一份特质，才找到了适合自身的最佳广告代言。

香奈儿的创始人 Coco Chanel 女士最特别之处在于实用的华丽，她从生活周围撷取灵感，尤其是爱情。不像其他设计师要求别人配合他们的设计，Chanel 提供了具有解放意义的自由和选择，将服装设计从男性观点为主的潮流转变成表现女性美感的自主舞台。抛弃紧身束腰、鲸骨裙箍，提倡肩背式皮包与织品套装；Coco Chanel 一手主导了 20 世纪前半叶女人的风格、姿态和生活方式，一种简单舒适的奢华新哲学，正如她生前所说："华丽的反面不是贫穷，而是庸俗。"

香奈儿永远都拒绝任何一次低调的华丽，所有人都应该是爱美的，尤其是年轻人。所以在香奈儿的鼓励下，年轻人应该大胆地张扬出自己对美的追求和热爱。尽管香奈儿对于普通的工薪阶层来说算是奢侈品，但只要你够喜欢，一样可以用微薄的积蓄来购买奢侈的香奈儿 5 号。香奈儿一直保持着的是高雅独特的气质。或许其消费者是一个纯正的屌丝，但任何外在都不能束缚住年轻人心中对时尚的追逐。这是一个年轻人的生活态度，绝不是对于时尚的简单追捧。香奈儿给年轻人传递出来的是多维度的品位，甚至还渗透到了对于人生的思考层面。

再大的品牌，也会在营销推广上下功夫

除了以上这些情感上的煽动外，香奈儿更是在营销上做足了功夫。广告是品牌形象树立和促进产品销售的重要载体，任何一家公司都会关

注广告传播，以及或多或少地进行广告投放。

香奈儿5号香水的广告传播在这方面的操作可谓是典范。如广告设计效果方面，香奈儿5号香水的广告一方面有着惊人的视觉表现，如黑色、红色等纯色背景上耸立着一个硕大的"5"字，一个极品美女站在正中央，香奈儿5号香水已从美女的手中飞了起来，香水浪漫地在空中飘洒，给人一种美、一种强烈的视觉感，另一方面又与其品牌内涵紧密的结合在一起，传达的是一种高尚、飘逸和典雅，让消费者可以去欣赏，更可以去品味和回忆——这种设计表达与广告的诉求，无疑把香奈儿5号香水品牌所要告之、传达给目标消费者的东西都融于其中了。

香奈儿5号香水品牌对广告投放的媒体有着严格的控制，必须是与香奈儿5号香水目标消费群密切相关的媒体，如高档专业杂志、高档会所杂志等。为了更好地吸引目标消费群，更大量地促进香奈儿5号香水的整体销售，香奈儿特将其终端专柜、专店等开设在高档百货、五星级酒店、高级会所等富甲名流聚集的地方，而一般的场所则难以寻觅到香奈儿5号香水的芳踪。这样做看似是脱离了最广大的普通受众，但香奈儿从来都不是卖给工薪阶层的用品。就像是香奈儿一直秉持的时尚哲学一样，并不是只有用了香奈儿才能算时尚，只有保持自己的风格，才能创造时尚。

所以尽管有许多年轻人一直还停留在有关香奈儿的幻想中，但香奈儿却从来不会因为自身的定位而打碎每一个人的美梦。它给予年轻消费者的，要远远多于使用香奈儿的品牌所能带来的一时愉悦。这是一盘很大的棋，现如今只能梦想着拥有香奈儿5号的年轻消费者终会成为未来的王者，香奈儿是给自己的品牌预定了未来的消费者。

年轻人，正是因为尚没有被这个社会定性，所以在他们的身上才有了多种可能性。每一种可能，都可以延伸出一个美好的未来。在没有决定究竟哪一条路才是终点的时候，在年轻消费者身上展现多维度的乘积，绝对是稳扎稳打的安全策略。你给他们越多，他们就能容纳越多；他们所需求越多，你所需要生产和告知的也就越多。这是相互推动的过程。

真正的多维度，不只是表现在年轻人所需求和生活内容上的丰富多样性，更表现在产品所输出的价值观的多样性，以及输出渠道的多样性。年轻人的群体平时接触最多的是网络，是宅在家中等快递送货上门的过程。但这并不代表卖场就应该被忽略，并不代表传统的DM和电视营销等方式就应该如此简单地被舍弃。当你永远都无法用某一个固定的形容词来给年轻人划定一个范围的时候，就永远不要单纯地将自己的品牌和营销行为划归到某一种类型中。

定位，通常是最终要走的道路。但有时候，定位，往往也意味着死穴。

品牌年轻化战略

80后、90后消费者研究与品牌战略

近十年来市场中不少企业或商家取得的一个又一个成功事例说明：市场营销的战略思想就是：研究消费者心理特点与变化趋势，并依据其特点制定营销策略，才能在营销中立于不败之地。

相比之下，许多企业和商家虽口头上也说"以消费者为中心"，但长期的"思维定势"在头脑中形成的还是以我为中心的经营观念，市场越做越小，生意越来越难做。怎样做才能把握住当代消费者的心理脉搏，赢得未来市场，取得更大的业绩，也许学习本文之后会给经营者们带来一些启示。

课题1：消费者心理特点由哪些内容构成

市场营销的成功简言之就是：如何确保企业或商家所做的要与消费者所想的是一致的。

消费者心理特点是指：了解消费者所想的东西（认知），他们所感受

的东西（情感），他们所做的事情（行为）以及被这些所影响的事情和地方（环境）。

由于每一位消费者在上述各个方面的差异性，才使得其消费行为以及相应的营销策略显示出多样性，也使得市场变得多姿多彩。正像营销大师科特勒所说："企业要想获得最大利润，他们需要去预期和满足消费者的需求。"

目前不少商家的营销思想还是"以产品为中心"和"以我要的消费者"为经营理念，所制定的"营销策略"只是在上述观点下，将产品、价格、地点和促销（简称4P）加以组合应用于市场中。如今的市场营销要求经营者从消费者角度观察每一件事情，并且围绕着消费者需求与期望去制订营销计划并实施计划。只有这样消费者在市场上才能找到他们要买的东西并且乐于去买这些东西。

从根本上讲，消费者是由一个希望满足他们需求的欲望而驱动的潜在群体构成。市场之所以启动是因为产品或服务迎合了消费者的需求并满足了他们的欲望。企业常犯的一个错误就是只根据自己的主观意愿虚拟出所谓的消费者，而不是依据对市场的调查与研究后做出。

案例1

几年前有人给一家美容化妆品做咨询时就发现各类女士美容化妆品广告几乎千篇一律地塑造理想的目标消费者是：收入丰厚、时间充裕、知识丰富、头脑聪明的职业女性或家境丰裕、天真可爱、无忧无虑、追求完美的青春女孩，显然不可能形成市场。之所以会有这样的错误，原因就是营销策划人员从主观愿望出发，忽视对市场的调查与研究。后来做了改变思路，做了较为完整的市场调查后情况有了变化。记住：化妆品对不同年龄阶段、不同文化与职业的女性诉求点是不一样的。

分析消费者心理的现状、特点、与变化趋势，就要树立从动态角度分析消费者购买行为。这种动态的研究消费者行为主要有以下六个问题：一是买什么，二是为什么买，三是向谁买，四是什么时候买，五是什么地方买，六是用什么方式买。

在现实生活中，消费者行为会受到诸多因素的影响，如受年龄、性别、文化、职业、经济状况、生活方式等个人因素以及动机、感知觉、经验、信念、态度等心理因素的影响，也还受到社会阶层、相关群体、家庭、媒体以及外来文化等社会因素的影响。所以消费者心理与行为是千变万化的，或者说消费者的多样性行为是由这些因素共同作用下形成的。

课题2：80后、85后消费者心理特点分析

美国著名消费者行为学家M.R.所罗门认为："改变消费者行为的许多生活方式都是由年轻消费者所推动的，他们不断地重新定义什么是最热门的而什么又不是。"今天的营销界普遍认为：要想超越下一次浪潮，必须比竞争对手先想到消费者心里去。

如今中国的80后一代有9000万之多。从人口世代划分理论来说，这个群体常被称为新新人类或N一代（Neo-Generation），他们多为独生子女，成长于4-2-1的家庭。他们可能也是"幸运"的一代，特别是生活在沿海发达地区城市里的一族，处于很好的物质生活环境中，成长于商品文化蓬勃发展、互联网和电子商务异军突起之时，对现代高科技化的生活适应性强。80后一代从小就习惯于影视语言和网络语言，对时尚广告反应迅速。他们不像上一辈人有太多传统文化的记忆和历史负累。造成上述现象的原因是这一代人受到了其长辈无微不至的呵护，物质生活相对比较优越，以及社会与文化的开放。

从消费者心理学角度上讲，过多的呵护反倒会形成一种逆反心理，他们想要保有更多自己的空间，而不需要其他人过多地干预他们的生活。他们也不愿意去关心别人，因为在他们的意识当中，每个人都应该是自立的。可见在这一代人身上，东西方的文化差异会变得越来越小。他们

并不拥有财富，不过是纯消费者，出手之间吸引着数以万计厂商的注意力。

今天的80后多数都是喜欢有个性的、有独特风格的产品，最好还不贵，要是有优惠活动，就再好不过了。如喜欢更换自己的手机，要是没有钱买新的，就更换手机的外壳和颜色，总之新鲜就好。最新的研究表明：80后们讨厌墨守成规，喜欢多变、刺激和新颖的生活方式。他们喜欢新产品，但忠诚度一般不高，习惯将各种品牌换来换去，因为他们是在海量广告的浸泡中长大，遭受产品和各式信息的缠绕，但是，他们更相信自己的感觉和判断，同时，也擅用搜索工具寻找答案。作为不少消费领域的消费先锋，80后一代更注重品质，他们追求时尚，倡导个性，价格不是80后一代考虑的首要因素，他们有很强烈的消费冲动。

80后这种独特的消费心理对厂家和商家们也许有所启示。如我觉得今天我买了某个东西让我感觉很高兴，那我就觉得该东西买得值，哪怕它其实用处不大。80后们有时对产品质量上乘并非有所心动，只有在合适的机会抓住他们的感情才是最重要的。我感动了，喜欢了，紧接着也就掏钱了。这也许就是体验式营销产生的原因吧。要与80后沟通便要够"酷"，够"爽"，够"潮"，广告题目亦应变得中西合璧，好玩一点。

80后在媒体接触上有一些新的特点，广告与营销人要引起足够的重视。如用电视接触80后目标群，他们的收视成本往往比其他任何收视人群都昂贵。而且他们看电视的时间远少于一般收视群，覆盖亦不高。但在线机会几乎是30~40岁黄金消费群的两倍。电影院也较30~40岁多出一倍，80后看杂志的几率较高，特别是自己喜好的题材，但覆盖率不高，整体来说，80后看报纸时间较少（这亦是全球这个年纪的一个现象）。

80后们喜欢尝试新的品牌，意味着宣传品牌过去的历史未必帮助提高忠诚度。80后更重视自己的工作前途而相对会花少些时间与家人一起。即代表他们以"个人"为重。因此80后亦重视对于外表的吸引力的自我感觉良好，所以很留意潮流趋向，而且会为遇上新颖及奇特的东西而兴奋。

案例 2

2006年奥美广告公司对中国沿海部分大城市的独生子女一代的调查表明：中国独生子女的消费观念具有明显的全球化倾向。如他们喜欢上网聊天、打电子游戏、手机换个不停、吃洋快餐和穿新潮服饰。难怪你们可以在美国的纽约、法国的巴黎、日本的东京、韩国的首尔，还是中国的上海，看到几乎同样装束的年轻的女孩子：她们的头发漂过几绺，上衣一定是露肚脐装或几乎裸露的吊带装，牛仔裤上面总有几个破洞，当然身上还有很多其他的饰物。她们更加追求自我，更喜欢标新立异地扮酷。

如今越来越多的广告与营销人本身就是80后，他们更容易与80后们拉近距离。要学会找到80后的特征元素，让你的品牌与他们产生概念对接，这正是当代广告与营销人共同的观点。80后是非理性、非秩序的感性群体。

针对80后一代的消费心理特点，经营者要注意以下几点：

1. 80后极易受他人（特别是偶像或意见领袖）影响，因此建立一个同类社群，大家有共同兴趣及目的，通过口碑传播，最为有效。如能用上姚明，专门设计推出电脑及在线游戏，把品牌及产品巧妙混入其中，让参与者可与偶像一起跨越障碍或打篮球，最为有效。

2. 80后对高科技产品及新事物的兴趣及接受度都异常高，在广告传播方面，可多用通讯（手机）或影音技术的载体把流行文化传送给他们，因此Podcast，动感地带等正中下怀。

3. 对于各种新媒体，网络对80后最有杀伤力。据调查，18岁以下用户占14.9%，18~24岁用户为38.9%，加在一起已是53.8%。而且他们每天在各种地方上网，在外能用WiFi便用无线，或者在网吧社群，用网络已炉火纯青。他们会支持在网上的活动，包括80后作家、歌手、偶像。重点是他们参与选出来的。用网络并不局限于"影像"，而是整个"感官体验"。

4. 要打造80后娱乐新时代。既然知道他们喜欢用什么媒体，知道他们喜欢哪个偶像，又知道他们爱参与，爱体验，爱口口相传。而"玩"是80后生活的主体，其中一个调研指出，"玩"的花费可达他们日常消费的1/3。那娱乐内容怎样教会他们"怎样玩"以及通过何种载体让他们觉得"好玩"便是关键。

如可口可乐在美国设立了一个职位，类似"80后生活总监"，这位朋友整天与80后青年生活在一起，了解他们的文化，喜好，各种媒体运用，然后把可乐要配合、带领的都做好，有些卧底营销的味道，但肯定比闭门造车好得多。

记住：只有了解80后消费心理特点，才能赢得明天的营销。

目前在营销实践中有人认为简单地划分与分析80后特点有点过于笼统，由于社会与经济环境的迅速变化，85后这一概念正在兴起并越来越引起营销界的关注。这一群体在独立性、自主性、自我张扬表现方面比80后前期有了较大的变化，同时在经济上比起90后有了较为充实的基础。他们中一批人正在进入各行业的中层管理或开始显现出一定的成就倾向，成为时代的领跑者之一。（如图3-2）

图3-2

从营销与心理学角度来看，对85后最受广泛认同的描述是"流行与时尚的领跑者，自主与创造的拥护者，娱乐与表现自我的狂热者"。但最广泛认同不等于最精确描述。

自85后的概念提出后，经过近10年变迁，目前正引起人们的重视，造成85后消费观念变化的最根本因素是他们成长环境迅速变化。作为最初始的触发点——成长环境的变化是85后"新"的根本因素,而近5年则个性化、自我意识形成、生活方式变化成了与85后沟通的根本与源头。这两者相互影响共同决定着85后的成长与观念。

85后自我以及个性化促成对品牌个性的认同。如同几年前提出85后概念可能并不会引起营销界的重视一样,然而随着社会经济的迅速发展,85后消费正逐步走向社会舞台的中央。85后自我意识的逐渐成熟也就据此引发消费观念的变化,如果说个性化中的80后显得是被动地接受规范,那么85后对自己看法的改变而产生的效果更主动、更深远。社会角色、经济能力的剧变让85后对自己重新定位,此时他们对品牌观念的变化主要表现为:对于没有明显个性品牌反应的钝化,不因时而变的炫酷的品牌很可能成为85后嘲弄的对象,过去一系列的市场调查表明80后对品牌迁移极快,品牌忠诚无从谈起。但今天越来越多的85后正在发生变化,对品牌忠诚度大大提高,特别是对国产品牌开始产生好感,从近三年的体育用品营销业绩就可以看出。李宁、联想、爱国者等一批国产品牌正在成为85后的首选。

引起85后变化的一个重要方面是由于环境变化所导致的生活方式的改变,究其原因主要是互联网的运用,已进入虚拟社区阶段的互联网给85后以更多的自由展现自己的个性与创造力,通过播客、博客等对产品、品牌表达自己的看法。

85后一代有独特的思考方式和自我化或个性化的价值观念,他们崇尚个性彰显,特别是敢于标榜自我,他们渴望成名,尽早出名。这是上一代人(70后和80后)不敢想象的。

作为商家或营销人就要深入研究商品在85后的消费心智中代表什么,能满足他们什么需要和利益。特别是品牌形象要不断出新,他们父辈喜欢的儿子不一定喜欢,现在不少企业维持品牌理念的做法只能是一厢情愿。85后喜欢跟风走,明星对他们的影响大于广告。85后一代生活在信息化时代，他们喜欢在网上购物与团购。这可能是85后区别于70后、80后消费者的一个明显特征。

精明的85后会在实体店里看好物品，记下价格，然后去网上淘价格更便宜的相同款式、服装、家电、化妆品、家居用品。面对网络的冲击他们一致认为商场提供的是生活方式样本和实际购物体验，这些都是网络无法替代的。有人研究认为85后一代更喜欢网络与娱乐结合的营销模式，他们对广告有天生的"免疫力"。要通过传统的广告形式打动85后现在看来是不容易的。他们对传统媒体并不感兴趣，有的已基本不看电视，而相反，趣味性的、体验式的、互动性的网络营销活动更能打动他们，激发他们的购买欲。

针对85后一代营销方式一定要应消费者而变，网络营销也许就是最适合85后一代的。因为今天的85后若没有网络、手机是无法想象的。他们获取商品信息主要途径是通过网络，传统的广告可能已击不中他们。因此商家要学会借助各种网络工具、游戏等加强与85后消费者的沟通或热点话题的营造。难怪微软最新的办公软件中一定有游戏，因为用户绝大多数是85后一代，对此我们的经营者又能了解多少呢。

课题3：90后一代消费者心理特点分析

在分析了80后、85后的特点基础上，我们再来看看90后一代的特点。相比于逐渐成熟，甚至"奔三"的80后，90后的价值观、审美观、消费观都有很大的不同，这些特点使得诸多商家摸不到头脑。当然，一代人有一代人的特点，一代人有一代人的生活规则，在洞察90后的整体特点后，商家们会为之兴奋，因为这是一片尚待开垦的利润处女地。

2009年，中国青少年研究中心发布的调查数据显示，在8岁到16岁之间的中国儿童中，超过70%都有上网经历。现在，超过一半的城镇儿童家中有互联网连接。这种生活特征，致使新E时代（主要是90后一代）出现了"宅女""宅男"这类特殊的群体。这可能是90后最大特点之一。

这些孩子在蜜罐中长大，却以孤独的姿态无病呻吟，对于他们而言，网络世界甚至比现实世界更为重要！这种赖在电脑前的"宅"一族，正是让传统商家最为头疼的一伙人，人家不来你的商店，你能怎么办？话又说回来，"宅"一族则给了网络商家与网络媒体发挥的巨大空间。遍寻90后的网络足迹，网媒是90后关注度最高的平台。具体地说：

1. **网络游戏**："不会玩网游，必须是落伍"是90后挂在嘴边的口头禅。不论是劲舞团、卡丁车还是魔兽世界，都是90后挥霍时间的舞台。

2. **视频网站**：90后是真正的"声色一族"，土豆网、优酷网、新浪播客给了太多非主流参与的机会。

3. **非主流论坛**：受"哈韩""哈日"风潮影响，90后中出现了大量"大眼睛、长睫毛、穿着个性"的非主流一族。他们聚集在非主流论坛，张扬个性，互较长短。

4. **网上商城**："宅男"也好，"宅女"也罢，总还是要购物的。既然传统商店逛起来麻烦，就不如坐在电脑面前"淘宝"或者"易趣"了。与80后、70后不同，90后在购物网站上消费大胆并且前卫，不仅购物数量惊人，而且很多高价品也被其收入囊中。

5. **手机网络**：现在还有只靠电脑挂QQ的吗？照相还用随身携带相机吗？就现在的手机功能来看，完全具有上网、听歌、看电影、看视频、拍照、玩游戏、翻译等功能。我们常可以看到一个孩子，只要拿着手机，他这一天就不会寂寞。

商家若能够注意到90后的特点，也就不难找出相应对策进行销售推广。不是好的产品就能征服90后，不是父母的想法就能左右90后，不是自吹自擂的品牌就能搞定90后。

90后是独生子女的一代，90后是以自我为中心的一代，90后心中的"好"与"不好"完全是"我的地盘我做主"，他们对商品的感性认识要远远超过理性认识。认为好就"赞"，认为孬就"喷"，是90后感性思维的直接表现。要想获得90后的好感，不用让他们"感动"，而要给他们"激动"。90后更注重消费时能够体验到"非常""与众不同"的感觉——让他们参与,让他们"爽",他们高兴就买单。

互动营销是指企业在营销过程中充分利用消费者的意见和建议,用于产品的规划和设计,为企业的市场运作服务。在互动营销中。互动的双方一方是消费者,一方是企业。只有抓住共同利益点,找到巧妙的沟通时机和方法才能将双方紧密地结合起来。互动营销尤其强调,双方都采取一种共同的行为。

互动营销的表现方式:目前的主要有付费搜索广告、手机短信营销、广告网络营销、博客广告和电子邮件市场营销等,主要借助互联网技术实现营销人员和目标客户之间的互动。

针对90后一代实施以下营销方法

方法1:娱乐体验

在过去,舞台是明星的舞台,专栏是专家的专利。而今天,这些出身草根又身怀绝艺的孩子可以通过播客播放自己的电影,通过专栏书写自己的文字。同样,前些年的《超级女声》同样利用了这个原理,通过这些栏目与网络新工具可以让一个默默无闻的孩子一夜成名。试想,既然一个默默无闻的孩子可以一夜成名,那么一个默默无闻的品牌是否可以借助这些平台一夜成名呢?

方法2:心情体验

90后是感性的一代,也是"看心情"行事的一代。同样,今天的心情适合喝葡萄味道汽水,明天也许就是橘子味道。既然你心情多样,我就给你多种选择!打开可口可乐的官网,你就会发现这里纯粹是一个年轻人的社区。可口可乐的"创意永恒之塔"、美之源的"玩趣搭机拉大奖"、芬达的"芬达酷玩瓶"、雀巢冰爽茶的"冷言冷语"、雪碧的"雪碧 HIGH

一下",所有这些都能够让参与者在游戏与展示创意中感受各产品独有的品牌核心价值,让参与者的每种心情都获得一种不同的体验。

方法3:功能体验

90后是声色一族,视觉、听觉、味觉、嗅觉、触觉的综合感受,才能让他们感到新、奇、怪,才能让他们产生兴趣。拿冰纯嘉士伯来说,其官网就特别为"不准不开心"一族准备了丰富的手机铃声、手机墙纸、屏幕保护、手机版广告、电视广告、电脑墙纸、电脑屏保等声色大宴;而"测测你的开心指数"户外广告牌,更是将触觉体验植根于消费者心中。企业如果能够提供"五感俱全"的"感受",那么搞定90后将更具实效。

老字号品牌如何进行发展转型

实行现代营销方式,尤其是连锁经营方式,是老字号现代化品牌道路上的必然选择。采取了现代经营模式的老字号往往都拥有更好的经营业绩,如目前北京商业领域老字号中采用连锁经营模式的已经达到42%,这部分企业的营业额增长率为85.9%,利润率为7.78%,均高于商业领域老字号的平均水平。

再造体制与机制

老字号多是在自由竞争的环境下生存和发展起来的,目前的经营领域也多是竞争激烈、变化迅速的行业,无论是历史传统还是现实需要,都要坚持市场导向和企业的自主运作,保证老字号能够拥有足够的自主权,有效的适应市场变化和抓住市场机遇。应该进一步深化老字号的改革,国有资本主动从控股地位撤出,不再干涉老字号内部的经营管理事务。从保护和促进老字号发展的角度,积极引导市场力量介入到老字号的股权改革中去。支持品牌价值高、市场竞争能力强的国有老字号,通过增资扩股引进战略投资者,优化股权结构,或实现完全民营化,使企业获得更多的发展机会。

在老字号的股权改革中，应该予以老字号品牌合理的价值评估，加强保护。在改制过程中，字号可以评估入股。尤其应避免多品牌捆绑的方式，将弱势品牌并入强势品牌企业的做法。如六必居、天源、桂馨斋在六必居旗下经营，桂馨斋品牌就因企业缺乏资源而被基本闲置。老字号存在百年以上，历经沉浮，能够存在于今，其品牌本身的故事对于消费者而言就有着非凡的吸引力，单纯地将多品牌捆绑，实际上损害了处于弱势地位的老字号品牌。

促进老字号年轻化

老字号以老为自豪，打开老字号网站，在其简介中第一句话就是告诉人们我有多少年历史。正是由于"老"才使他们缺乏创业激情和创新精神，倚老卖老，在市场上一副老态龙钟的形象。当我们喝可口可乐时没有人会觉得它有一百多岁，那种"随时随地让你为之精神一振"的品牌承诺，让你永远感到充满激情，永远年轻；当我们喝雀巢咖啡的时候，往往被它的香浓美味所陶醉，也没有人会觉得它会有一百多年的历史。这就是中外老字号的根本区别。现代品牌应是一棵常青树，品牌越悠久，文化底蕴越深，历久弥新，形象越应鲜亮。

老字号应该忘掉自己的年龄，即老字号应该进行品牌年轻化，找回创业时的激情，在战略上要有前瞻设计，以创新的思维，创新的经营，时刻保持年轻的心态和年轻的商业年龄，这是向现代品牌转换的关键。因此，要积极推广"老字号年轻化"工程，在老字号理念年轻化、体制年轻化、管理年轻化、技术年轻化、经营方式、营销方式和服务方式年轻化、形象年轻化、品牌年轻化等方面进行详细设计、系统推进。当有一天老字号真正忘掉了自己的自然年龄，有了更年轻的商业年龄，赢得了更多的青年忠诚顾客，老字号在现代品牌的道路上才有了新的生命。

当然，强调老字号年轻化，并不是完全丢掉传统。老字号的很多东西要传扬，包括物质的和非物质的文化遗产。在老字号年轻化过程中，坚守的是品牌的文化内核，改变的是品牌经营思想与经营方式。

从企业换标看品牌"年轻化"升级塑造

一直以来，"李宁"的品牌LOGO被诟病为模仿"耐克"，而广告语"一切皆有可能"则更被认为与"阿迪达斯"的"没有不可能"雷同。最近，"李宁"的重塑品牌战略不仅是要摆脱山寨品牌的印象，在国际市场上实现真正和"耐克""阿迪达斯"叫板，更是为了抓住80后，讨好90后，迎合年轻运动爱好者的需求。

根据市场调查报告显示，现阶段"李宁"品牌的实际消费人群年龄整体偏大，近35岁至40岁的人群超过了一半，"李宁"对于年轻消费人群的吸引力正在逐渐递减。正因为如此，"李宁"迫切需要改变自己的品牌形象，迫切需要提升对年轻消费人群的吸引力，尤其是80后和90后的年轻消费人群。

这次品牌重塑计划中，"李宁"将沿用了20年之久的品牌LOGO升级为"李宁交叉动作"的新品牌LOGO，以"人"字形来诠释新的运动价值观，并将"一切皆有可能"的广告语升级为"Make The Change"（让改变发生）。这是"李宁"品牌重塑战略的开始，"李宁"正在尝试与80后和90后进行更为良好的沟通。与此同时，为了配合这次的品牌重塑，"李宁"还进行了新的运动品类规划、生意区域划分、产品研发设计等，如针对年轻消费人群，开发出运动顶级装备系列、多场合都市轻运动系列、时尚全橙全能系列，以及邀约国内外新锐艺术家合作的跨界设计系列。尽管"李宁"的这次品牌重塑战略也受到了很多人士的质疑，能否取得预期中的效果还需要时间来验证；但是"李宁"仍然坚定地迈出了"年轻化"塑造的这一步。

为了能够赢得80后和90后主流的青睐，越来越多的品牌都开始进行"年轻化"塑造，包括升级品牌形象、推出更具时代感的"年轻化"

产品等。其实，不仅是"李宁"，包括"可口可乐"、"百事可乐"、"UPS"、"BT"、"梦特娇"等在内的国际品牌也都在近几年升级品牌LOGO，让品牌显得更加的年轻化，更加迎合年轻消费人群的需求。

同样，烟草品牌在面对80后和90后即将成为未来新的消费主流群体之前，也需要考虑品牌是否需要进行"年轻化"塑造，品牌的核心消费人群是否已经在逐渐老化，品牌对年轻消费人群的吸引力是否已经在逐渐降低。如果是，烟草品牌就需要更加积极研究年轻消费人群的需求，紧紧把握年轻消费人群的需求，推出更加迎合年轻消费人群需求的"年轻化"产品，让品牌保持年轻活力及持久的竞争力。

那么，烟草品牌的"年轻化"塑造如何进行呢？烟草品牌如何迎合年轻消费人群的需求呢？

当核心消费人群发生了变化，烟草品牌就需要与时俱进，考虑对品牌进行重新塑造，以迎合核心消费人群的变化而产生的新的需求，重新赢得新的核心消费人群的青睐，以获取新的市场机会。

按照体育运动市场的消费人群特征分析，体育品牌的核心消费人群处于14岁至45岁这一年龄段，而"李宁"当前最想要抓住的是16岁至23岁这一年龄段的消费人群。这样"李宁"就需要迎合核心消费人群的变化而产生的新的需求，重新对品牌地行"年轻化"塑造，这就需要推出更加迎合核心消费人群需求的新品牌LOGO，推出更加能与核心消费人群产生共同语言的广告语。同样，当80后和90后即将成为未来新的消费主流群体，即将成为烟草品牌新的核心消费人群时，烟草品牌也可以考虑从升级品牌LOGO或广告语等方面去迎合核心消费人群的需求。

"七匹狼"是中国烟草行业近几年异军突起的一匹黑马。自1995年创牌以来，"七匹狼"就不断根据核心消费人群的需求和市场竞争环境的变化，先后使用了"与狼共舞，尽显英雄本色"、"共舞火热豪情"、"勇往直前"等广告语，为"七匹狼"品牌传播起到了积极的作用。近段时间，福建中烟又面向社会公开征集"七匹狼"品牌广告语，对"七匹狼"品牌广告语进行新的升级，在深入挖掘"七匹狼"品牌文化内涵，有效促进"七匹狼"品牌价值提升的同时，也为了更好地迎合核心消费人群的需求，并把"七匹狼"品牌培育成全国性知名品牌。

推出更具时代感的"年轻化"产品

烟草品牌要保持持久的竞争力，最关键的就是烟草品牌的产品本身要持续保持年轻活力。而烟草品牌的"年轻化"塑造就可以从产品方面着手，挖掘年轻消费人群的需求，推出更具时代感的"年轻化"产品，以迎合年轻消费人群的需求。

近年来，也有一些烟草品牌开始尝试推出更具时代感的"年轻化"产品，在迎合年轻消费人群需求的同时，也让品牌显得更加与时俱进，显得更加年轻而富有活力。如"红塔山"品牌推出的"红塔山国际 100（HTS）"、"云烟"品牌推出的"云烟（WIN）"、"中南海"品牌推出的"中南海（蓝色风尚）"、"芙蓉王"品牌推出的"芙蓉王（软金）"等，其中，"红塔山国际 100（HTS）"这款极具时代感的"年轻化"产品尤为引人关注。"Hi,Take it easy！轻装前行，一路向上！"，这是"红塔山国际 100（HTS）"倡导的一种全新的品牌理念。"轻装前行，以畅享的心情，追逐梦想，以轻松的心态，迎接风浪，激情绽放，生活激越飞扬；一路向上，世界辽阔，梦想无疆，我们一路前行，我们一路向上，轻松靠近梦想，让时光闪光；红塔山国际系列，轻装登场！目标，就在前方，冲破工作的繁忙和生活的无章，轻松，也是一种力量！"这种全新的品牌理念带给了年轻消费人群不一样的新感觉，也较符合年轻消费人群的口味，并引发了年轻消费人群在内心情感层面的共鸣。"海蓝色"的主色调，给人一种轻松自然的享受；"峰之彩"的抽象演绎，在简约地体现出"红塔山"传统的"山"形图案的同时，又以动感形状寓意年轻的激情和一路向上的进取精神。"红塔山国际 100（HTS）"的推出，为"红塔山"品牌注入了年轻活力，让"红塔山"品牌以一种新的面貌出现在年轻消费人群的面前，并借助

"红塔山国际100（HTS）"的年轻活力提升"红塔山"品牌在年轻消费人群心目中的影响力。

注入新鲜元素

一个老品牌的形象不可能是"一成不变"或"一劳永逸"。品牌形象总要随着核心消费人群、市场和竞争对手的不断变化而不断进行微调。企业在成功塑造出了一个品牌的形象之后，更需要适时、适当地做出更新措施，以保持这个品牌在核心消费人群心目中的地位。

反之，如果企业不给老品牌注入新鲜元素，那么消费者就可能会认为你的品牌已经开始老化了，跟不上市场的发展步伐了。市场环境不断在变，当老品牌一旦走入新市场，产品老化、产品亲和力下降，不能满足多样化的消费者需求等问题就会一一暴露出来。时间一长，在很多消费者的心目中就会形成这样一种概念：老品牌不够时尚，也不够流行，老产品缺乏足够创新，老产品甚至还会被年轻消费人群认为是落后的，是代表着落伍的过去一代。这样老品牌也就会慢慢失去了昔日光泽。

"白沙"是中国烟草行业内品牌塑造方面的"高手"。"白沙"品牌走向成功的背后，体现出的是一种以理念为根本的做法，这种以理念为根本的做法为"白沙"品牌塑造出了深厚的品牌文化内涵。这种深厚的品牌文化内涵也是"白沙"品牌最具市场竞争力的优势之一。对于很多消费者来说，"鹤舞白沙，我心飞翔"的广告语早已被人们所熟知，"飞翔文化"的品牌形象也早已深入人心。近年来，"白沙"品牌又在加大对品牌形象的升级，"白沙"将"创想"的元素引入到"飞翔文化"，对"飞翔文化"品牌形象进行新的升级，并在年轻消费人群的心目中取得了不错反响。

在未来，80后和90后将成为新的消费主流群体。烟草品牌在面对这一新的消费主流群体之前，需要思考如何让品牌显得更加的"年轻化"。烟草品牌需要积极研究年轻消费人群的需求，紧紧把握年轻消费人群的需求，推出更加迎合年轻消费人群需求的"年轻化"产品等，让品牌保持年轻活力，让品牌保持持久的竞争力。

品牌年轻化的创新法门

都说酒越陈越香，若做品牌也抱着这种思路，结果必死无疑。今天的市场越来越年轻化，消费者越来越年轻化。"品牌倚老卖老"的时代已经过去，就连微软、Google、英特尔、戴尔，这些历史悠久的品牌也要面临品牌老化的挑战。昔日近万家中国老字号，如今仅存千家，70%惨淡经营，只有不到10%有一定品牌效应和规模效应，原因何在？

纵观中国企业品牌经营的现状，导致品牌形象老化的原因，主要有以下几种情况：

1. **产品缺乏创新**。一个在产品研发上一成不变的品牌，它总是会在人们越来越挑剔的眼光中，被视为是"陈旧、保守、过时"而被人们所抛弃。

2. **执行缺乏现代感**。即使是有正确的调查，正确的策略，如果是在执行时，缺乏现代感，那么，你的品牌形象也会是"落伍、不合潮流、过时的"。

3. **没有及时为品牌注入新鲜形象**。一方面是对原有品牌形象的错误直觉，认为销售不错，品牌形象就不需要更新。另一方面，患得患失，对原有的品牌过于依赖，不到万不得已，不轻易更换形象，致使品牌形象老化。

4. **品牌推广趋于疲乏**。市场不是静止的，消费者的品位在日新月异的今天，无时无刻不在变化着，如果你在很长的一段时间里，仍然没有告诉消费者你存在的消息，那么他们很快就会将你抛进记忆的垃圾袋中。中国许多的民族品牌，就是掉进了这样的陷阱，当初的小白兔牙膏，如今安在？还有几年前霸气十足的"小霸王"，是否也只有登高才能看见它离去的背影？

当然，品牌老化，还有更多其他的原因，但是，作为品牌的管理者，应深究造成这一现象的症结所在，制定切实有效的创新方案并有效实施，才是品牌年轻化的不二法门。

创新产品

人类的本性是喜新厌旧，要保持品牌永远领先、年轻的形象，必须将产品创新作为品牌经营的重心。

创新产品，一方面是指创造更好的产品。这一点，宝洁为所有的中国企业作出了典范，宝洁成功的里程碑也皆由产品的创新刻画。宝洁在全球拥有超过2500项专利，7000多位科学家供职于全球17个产品研究中心，光是汰渍洗衣粉的配方和包装就改了不下70次。宝洁认为"为消费者提供更好、更新的产品"是它成功的根本原因。

创新产品力

套用一句话："在绝对的产品力面前，任何品牌壁垒都是纸老虎。"
中国近几年的品牌奇迹其实都是产品力的奇迹。

王老吉，面对两乐的壁垒，凭借"怕上火喝王老吉"卖到100亿；霸王，面对宝洁的壁垒，凭借中药世家，3年内卖到10亿。

乌江榨菜，事实上已经存在几百年了，通过概念创新赋予更多价值，才真正把它的产品力凸显出来，用产品的制作工艺作为品名，最大化地占领品类核心资源。三榨源于榨菜，继承了榨菜的优质资源，又区别于普通的榨菜，摆脱了消费者对榨菜低价值的认知，一改几百年的低价咸菜形象，价格翻一番，创造年销售10亿的奇迹……

创新品牌符号

品牌这个概念对于消费者来说非常抽象，如果有一个符号，一个形象，成为品牌的代言人，那么它和消费者的距离即刻就可以拉近，消费者在无意识中就接受了这个全新的品牌形象。美国的RCA电视机，在创造出活泼可爱的卡通动物"rabble"后，一改保守、守旧的形象，重新树立全新的品牌形象，当年就荣登销售冠军，并抵抗了来自日本品牌的冲击。

创新品牌口号

GE 电器的故事说明品牌标语在改变品牌形象过程中的决定性作用。GE 电器一直在公司的标语中强调"科技"，然而，在调查中发现，GE 电器给人的印象是"古板、机械、冷漠的"，最后，使用了"将好的东西带到生活中"这个标语，重新成功地将 GE 电器塑造成为一个有情感、有爱心、关心生活的亲切品牌形象。

飞利浦的"让我们做得更好！"的品牌标语，也在品牌形象的塑造过程中，起到了举足轻重的作用！

坐拥百年辉煌的可口可乐已成为当之无愧的可乐饮料，在美国民众心目中有着不可动摇的地位。可百事可乐却偏不买账：你可口可乐不是自我标榜古老、正宗吗？我百事可乐就亮出我的年轻来。"百事——新一代的选择"的全新口号，以青春、活力与同样充满青春活力的年轻一代消费者同行，百事赢得了新一代的选择。

整合品牌形象更新营销运动

最成功的要算 IBM 的品牌更新运动了，20 世纪 90 年代初期，IBM 被视为古老、傲慢、冷漠且无可救药的尾随新一代高科技公司之后的企业，通过整合品牌形象更新运动，全面调整品牌战略，使其进化到为家庭和企业提供解决方案。而随之而来的"四海一家的解决之道"的广告运动，则全面地体现了它的新的品牌意义，使 IBM 大地回春，重新荣登世界第三品牌的宝座。

创新营销，渠道整合

2008 年获选总统的奥巴马值得每一个广告人学习，他的成功，离不开渠道的整合与创新。他以视频网站传播、搜索引擎广告的精准狙击、网络病毒营销、博客战争等更深入和互动的方式建立起与选民之间的关系，获得选民的忠诚度和信任度，成就了美国历史上第一个黑人总统的美国梦，他的横空出世成为美国品牌年轻化的象征，代表了广告、营销、公关手段的进化和发展。凭借着网络的力量，奥巴马互动的手法赢得的不仅仅是捐款，更是一张张珍贵的选票，以及伟大的美国梦的传奇。奥巴马不单单是一个成功的总统，更是美国最出色的广告人！

笔者从业的品牌策划与营销咨询行业，早期活跃的老一批专家的身影、思维、做法也已开始老化，随着新技术的发展，他们的成长年代和思维固化已经定型，老一代咨询服务者的老营销办法恐怕很难再跟上时代，因为他的年代决定了他不可能年轻，相反，笔者所在的年轻派营销咨询在营销模式、营销技术，在互联网时代土壤下，我们定位80、90后年轻派作为深入研究方向，打通传统营销和网络营销彻底融合，采取新的效果付费商业模式，在客户价值上发力，已经开始彻底颠覆现有的行业格局。

当然，要全面更新一个老化品牌的形象，远非说的那么简单，还有很多的细节需要注意，但是首先，中国的品牌管理者应该意识到，品牌形象老化并非不可更新，只要时常检视、不断反思，经常为品牌注入新鲜血液，让顾客群体能够感觉到品牌在跟着时代潮流走，没有停止脚步，就能永葆品牌"青春活力"！

茶叶品牌年轻化之路

品牌年轻化是企业针对年轻人的一个不变的策略，因为一些品牌随着时间的延长，或多或少会让消费者感觉到产品的老气，或者本来有些品牌其定位本身就稍显成熟，如金利来系列产品，其人群定位为成功人士，从年龄上看，就稍显成熟，这与年轻人的需求存在明显差异。

其实，中国的年轻人消费结构已经随着年轻人人群消费观念和消费能力的改变而改变，年轻人产品品类和年轻人消费群体已经成为广泛关注的经济现象，无论是80后，还是90后，它已经不再是一个社会学的概念，其中夹杂着更多的经济因素。为了这群年轻人，一些世界知名品牌不惜放下更为广大的客户群，转而把策略瞄准这个极具潜力的年轻人市场。

豪车年轻化，奢侈品年轻化，高档数码产品年轻化，品牌年轻化……年轻化，已经成为世界知名品牌重新制定行销中国的市场策略。无论是更换更年轻更时尚潮流的代言人，还是推出搞怪创意层出不穷的副线产品，这一切都是为了迎合年轻人时尚玩酷的个性和天马行空的想法。

茶叶品牌年轻化之路是非常难得的，原因很简单——"习惯"。观念的转变对于现代茶叶企业来说是一个难点。其实这里面还有整个企业的战略升级问题。

2012年上市的新一代龙威信泡茶机（如图3-3），就完全颠覆了茶具行业的老三样形象，而一举大胆采用更年轻化元素——颜色鲜亮、体型小巧、方便使用，主攻办公室白领和送礼市场。

龙威信主打产品即热式饮水器无疑开创了一个蓝海市场。突破性的技术创新，年轻化的品牌形象，几乎媲美iPhone手机的用户至上设计理念，如新生一般闪亮在饮水器具行业中。

图3-3

这不仅是一种品牌的运作，更是经营的战略转变。我们到底应该怎样面对未来的挑战呢？这不是简单的包装设计的改变，而是思路的转变、工艺的改变以及产品线的丰富。所以企业要想适应未来的发展，年轻化该怎样走下去就很重要。

价值观营销的关键

在年轻市场上能够占据一席之地的经典品牌不在少数，从这些品牌的身上学到的营销生意经其实也大同小异。每一个想要抢占年轻市场的品牌，都要首先站在年轻人的立场上去考虑自身品牌的定位以及营销手段。在所有营销行动开始之前，确定本身的价值观营销最关键。不论苹果的创新精神、暴雪的娱乐精神还是香奈儿的时尚精神，每一家立于不败之地的品牌都有着自己十分具有哲学味道的经营理念。也就是说，任何品牌在推销给客户和消费者之前，先要学会价值观营销。

价值观营销，就是以客户价值展开系列营销，最终营销的是每一个消费者的消费欲望，是在成功地把企业和品牌自身的价值观渗入到消费者群体中，并且和消费者本人的消费欲望想融合之后，才能促进消费行动出现。年轻派营销，最与众不同之处还是对于价值观的营销。也就是说，如何向消费者输入企业甚至是营销本身所体现的价值观，然后消费者自发利用媒体平台如微博、微信等不断更新的手段传播和转发，用口碑打造消费者可信的品牌，形成持续的消费品牌。

最常见的能够引起众多年轻消费群体共鸣的价值包括：

青春梦想是永恒的主题

你若是古老到和一个年轻人谈老了之后的事情，那这肯定是一场彻头彻尾的营销。所以保险行业的业务员从来都很少去找年轻人谈业务。他们不是对自己的未来不担忧，而是未来正握在现在手上，他们甚至连当下的工作和生活都还搞不定，又凭什么去计划未来的事情。年轻人需要做的是充分享受青春，并且不挥霍手中的梦想。所以当和年轻人谈青春谈梦想的时候，从来都不会吃闭门羹。在营销宣传语上，这是最需要注重的一点内容。

创新，做不一样的年轻派

年轻人喜欢标榜自己的与众不同，不仅如此，还要和旧的体质产生差别，才能真正体现出他们身上的创造性。所以年轻人永远都喜欢"创新"两个字，只要是和以前不一样，只要是能够彰显出独属于自己的个性和特点，就足以让年轻人欢心。所以不论是品牌还是产品，从创意设计到制作成型，只要是以年轻人为主要消费市场，永远都不要保持一成不变的格局。尤其是在科技革命以及观念革命的时代，只有做不一样的那一个，才是最有卖点的商品。

寻找小众群体的大众价值观

这是一个多元化的社会，任何生活理念都有固定的生活圈子。所以永远都不要担心自己的产品没有市场卖不出去，再小众的群体也有最普世的大众观，重点只是在于营销活动开始之前你有没有找到恰当的切入点。就像是玩家在魔兽战场上厮杀一样，外行人永远只能看到玩家对于游戏的沉迷，如果你至今没有接触过魔兽世界的游戏，又怎么会知道其如此令人沉迷的原因？所以，想要在小众群体中寻找大众观，最简单最直接的方法便是加入到他们的群体中。甚至到最后你会发现，所有小众群体彼此之间都有一个更普世的价值观相连接，唯一不同的只是这个群体中在消费和喜好上的差别而已。

低成本自发传播驱动

年轻人没有固定工作的人居多，他们纵然有着消费时尚的心，却并不一定有消费时尚的能力。金钱在任何年代都是影响消费的首要因素，所以年轻人也从来不反对打折等促销行动，他们的要求只是不被复杂的计算方式忽悠走口袋里好不容易挣到的人民币。所以在最普通平常的营销活动中一定要注重对成本的控制，尤其是在崇尚节俭和绿色慢生活的今天，过度的奢华虽然能带来视觉上的享受，但别出心裁的低成本营销却一样能讨得满堂彩。既然年轻人不喜欢被金钱绑架，那也就没有特殊的必要用金钱来装裹产品和营销行动本身了。

掀一场话题事件风波

当人类开始进入快速阅读的时代，当微博的 140 个字就能简单概括出一个人一整天的生活时，没有话题和噱头的营销活动将是最不起眼的一件事情。生活是最伟大的老师，所以在现实中从来都不缺少话题，只要能够从话题中延展出适当的概念，就可以及时吸引年轻人的眼球。年轻人需要的从来都不是新闻，而只是新闻中让自己特别感兴趣的一个点。所以只有那些懂得找到这个点并且无限放大的营销，才能真正吸引年轻人的眼球。此时需要做的是"绑架"新闻为我所用，而不单单只是傍上新闻和话题本身。

文化风潮搭台唱大戏

年轻人大都接受过高等教育，他们中甚至还有些人年纪轻轻就已经学富五车，所以从来都不要企图在文化上蔑视年轻人。营销活动中常见的失败点就是出现一些可以被人随手就指出来的失误，最终只能被人嘲笑无知。但这是一个娱乐的年代，在学校受了十几年教育的年轻人肯定不喜欢在自己购物的时候还要被教育一番。所以文化永远都是一个最漂亮的幌子，但真正的实质却是娱乐。如 2012 年夏天"杜甫很忙"的不经意的画作引起的调侃热潮，一时间也促进了 T 恤衫的销售。而凡客诚品在 T 恤衫上更是极尽能力，其请到知名的设计师以电影、中国风等元素为题材，在 T 恤衫这个小小的画板上创造出了多个令人耳目一新的图形。而 T 恤衫的销售，更是凡客诚品网站最值得炫耀的一次营销。所以永远都不要忘记，文化只是包装，用文化和年轻人拉近距离，才能更好地和他们谈及理想和奋斗的话题，进而让整个消费过程都变成年轻消费者的一次愉悦的享受。

  有了这些价值观上的营销之后，并不等于说传统营销活动中的广告、店面推广等方式就可以剔除。只是在采取任何实际的行动之前，都先要有系统理论上的指引，以上提到的这几点，是对年轻人逐渐攻占消费阵地的新形势的一点思考，也是对打造年轻派营销提出来的具有抛砖引玉的一点概念。真正的年轻派营销远远要比围绕**年轻人的消费观念、消费价值观、个人价值观、对传统营销的看法、广告观、对品牌的态度**这几个价值观营销维度的概念要值得探索得多，却再也离不开这个根本。

04 线上的年轻态生活——"人肉"传奇

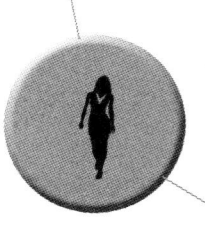

NIAN QING PAI
YING XIAO

著名营销管理实战专家菲利普·科特勒说，营销是个人和集体通过创造并同别人交换产品和价值以获得其所需之物的一种社会过程。特别是在信息爆炸的今天，"酒香不怕巷子深"的观念已经严重违背了现代营销思维。而精心策划的传统营销方式，却以大量的人力、财力、物力为代价，可谓奢靡的广告宣传轰炸。随着21世纪的到来，互联网，手机，新媒体技术等众多新形态已走进千家万户。面对如此广泛的受众，利用趋势化的平台如网络和手机进行宣传成为一种趋势。快速、方便、全方位的广告宣传，更为自动化的传播类网络营销创造了条件。

以颜色、音乐、运动、体验、娱乐、价值观为驱动的品牌创建核心动力作为新一代品牌的新营销方法论。

传统的4a、4c、定位是战术形式，而消费者的价值观模式是品牌打造的核心，也是年轻派营销的核心竞争力。

年轻派营销模型的4个基本角度是：需求、喜欢、信任、价值观，它们是新一代品牌成功的战略关键。

据年轻派营销研究的关于淘宝购物类目研究显示，年轻人浏览网页的高峰时间从上午9点延续到晚上12点，占平均全天总量的53%，甚至在凌晨1点也有约20%的年轻人还在网上冲浪。19~30岁的年轻人上网浏览媒体类型前三位分别是：新闻、娱乐和视频。这些信息量极为丰富、黏性又很大的媒体类型也较大程度上满足了年轻人活跃的网络行为需求。分析这些年轻网民的广告互动行为可以看出，年轻人关注度最高的是食品饮料广告，其次是数码手机广告和美容护肤品广告。结合年轻人网民浏览网页的时间分布，浏览媒体类型及关注的行业产品等，广告商们可以进行更有效的广告投放。

这些都是活生生的数据，但却已经足以说明问题。在当今时代，如果有哪一个年轻人不懂得上网，那他一定早就可以被丢进古董箱了。在研究的消费趋势中，年轻人在网络上点击行业的前十名分别是：

食品饮料，数码手机，美容护肤，网络客服，家电，服饰，酒类，家装，汽车，电脑。

这十个行业，可以说已经覆盖了年轻人生活的方方面面。也就是说，只要有网络的存在，任何一个人——不只是年轻人，可以足不出户就能够过上完美生活。2012年下半年，淘宝的消费人群明显已经向更成熟的年轻段漂移。

微博传播分享、微信圈子转发等互联网时代的交流技术，已经不仅仅只是一种技术手段，更上升到了一种更接近客户价值和客户自由自主消费时代的生活方式。不论是能够展开庞大复杂人际交往系统的社交网络类，还是一呼百应的短小微博类，还是用户猛增为6亿的微信类，每一种网络化的生存状态其实都代表着这一个群组独有的特质。年轻派营销咨询认为作为企业需要抓住和沟通消费者，深度思考，你会发现，消费者永远只喜欢自己愿意的形态和方式，从来都不愿意被强迫地进行广告轰炸，我想，传统做广告传播的公司和企业也许该深深反省了。如何在线上过更年轻态的生活，不被日新月异的网络新技术形态OUT出局，是年轻人最津津乐道的事情。而如何在网络移动时代整合出更符合年轻市场的营销模式，则是每个企业和营销人需要思考的问题。

无处不在的虚拟触手

网络的市场究竟有多么庞大？这已经不单单是依靠电脑拥有量就可以界定的一个概念了，当移动终端上网成为不可避免的潮流时，作为全球手机市场销售量上升最快的国度,中国的年轻人成为最中坚的力量。

与整体网民的学历结构相比,使用移动终端,如手机,上网的网民对学历要求更低。一项来自于2010年上半年的调查结果显示,手机网民群体学历结构在提升。中小学及以下学历手机网民的比例显著下降,初中及以上各学历层次的网民比例均有所上升(如图4-1)。

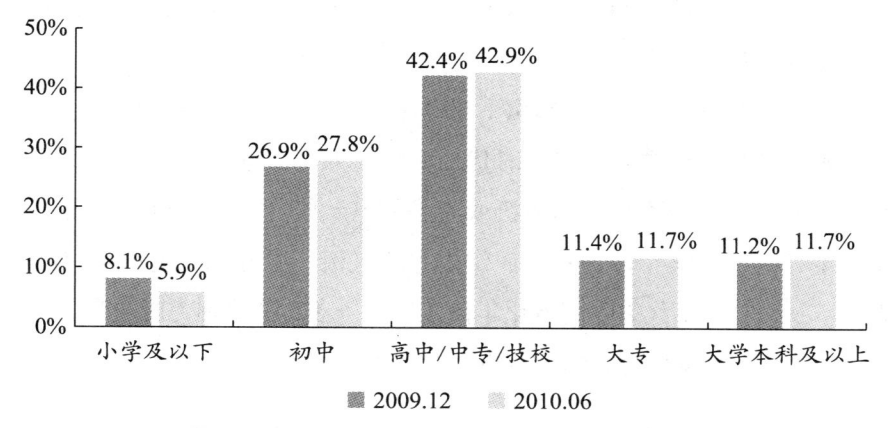

图4-1 2009.12-2010.6 手机网民学历结构对比

不仅是在年龄上产生变化,而且在职业结构、收入结构等方面,新时代的网络化生存也发生了很大的变化。传统认为的网络只是获取信息的一种方式的概念几乎被彻底摧毁。随着网络娱乐时代的来临,越来越多的年轻人喜欢在网上生存。

互联网最大的好处就是把五湖四海的人聚集在一起,提供更多的交流沟通机会。由于物以类聚、人以群分的特性,志趣相投的人又会走到一起,因此形成一个个有着共同话题的小社区。在这些小社区里,网民的主要目的在于交流,表达更多的是自己的真实想法。于是每一个小社区都有其鲜明的个性特征。你再有个性,在这里也能找到共同体;你再平凡,在这里也能够充分展示自己身上的与众不同。这就是互联网带给年轻人的非凡感受。

年轻人喜欢在网上交流的一大原因是,在打字的时候,比面对面交流压力更小,却有更多时间去思考自己说出的每一句话。这是对自己和对方都负责的态度。尽管如此,想要在网络上掀起一场腥风血雨的战斗,却也只需要一句话的力量。因为网络虚拟性的特点,少有人有能力和心思去辩解那句话的真假,往往一呼百应的内容,有很多都值得商榷。

　　这是网络带给年轻人生活便利的同时也带来的最大弊端。它让人们失去了主动思考的时间,当大量的信息以迅雷不及掩耳之势堆积到电脑屏幕上的时候,人们通常都只会机械地浏览,迅速做出回应。信息就只是在大脑中走一个过场,能够留下深刻印象的内容少之又少。

　　尤其是在网络进入了移动时代的时候,人们不论是在等公交车还是在吃饭的间隙,都不忘记用手机或者平板电脑刷屏,由此也就决定了网络化生存的这一群年轻人只受固定内容的吸引。尽管这一虚拟空间已经无所不及,却并不代表在网络化年代任何营销活动都能够为所欲为。

　　想要做好网络营销,需要从以下几个方面入手:

网络永远都只是个形式,对于传统营销来说,也仅仅只是个不同的战场而已

　　网络的新,只在于它最晚才出现。对比传统媒介,网络有一些不同的特点。但在着眼于这些不同特点之前,需要首先看到它和传统媒介之间的共同点。上一辈人更多地依赖于电视和报纸来获得信息,网络其实只是电视和报纸的一种变相,把被动接受转换成了主动搜获,本质上依旧没有改变传递信息的内涵。

　　所以任何网络营销都必须先有足够的市场调查。相比于传统的调查方式,线上的活动不需要雇用一批派单员到处发放调查问卷,在人力方面节约了很大的成本。网上的调查问卷可以无限量地进行复制,24小时存放于互联网上,覆盖到任何一个有网络的地区,不受时间、空间的限制。先进的网络技术同时具有追踪和自动累计功能,能准确地反映被调查者的地区分布、参与人数以及各个选项的百分比,在数据整理方面又

节省了很多时间。这些都是网络给营销活动带来的便利性，但同时也要意识到一些弊端。如防止多次填写问卷，尽量扩展所调查者的多方面信息，追查一手资料来源准确度等等。

互联网和传统形式的营销互动并无二致，网络化社区本质上也只是把现实生活搬到了虚拟的网络而已。所以几乎也可以照搬传统营销活动前的所有准备工作。

网络是个社区，品牌价值和企业诚信永远都占据第一位

虽然网络有着互不见面的特质，但这并不等于说随随便便找几个马甲在互联网上发布信息就简单完事。越是不见面的营销活动，就越对诚信有着更为严格的要求。在网络时代，口碑宣传是最为重要的一项内容。各个公司在市场中的情况各不相同，但必须保证在市场中有一致的声音，必须向消费者传递与公司目标一致的信息。

网络营销的方式有多种，博客营销、微博营销等，具体运用哪种营销方式，或者是几种营销方式的整合，都纳入网络营销策略的制订计划当中。不同的营销宣传推广方式，都只是在技巧和谋略上的不同选择，但却始终离不开"诚信"两个字。

这不仅涉及网络营销的推广，更和所售产品的质量以及售后服务有着密切关系。作为迅速崛起的电商，京东商城向所有消费者承诺自收到商品起7日之内，无条件退换货，从而避免了因为网上购物而见不到实物最终和下单时的预想产生偏差的情况。网络是看得见摸不着的虚拟社区，有时候可能会导致消费者实际上购买到的产品，跟网上的信息有所偏差，这是再正常不过的现象。很多时候，出现问题并不可怕，真正可怕的是对问题置之不理。

建立完善的售后服务机制，不仅为了使消费者放心，更重要的是树立公司品牌形象。良好的信誉，对一个公司的发展起着关键性的作用。一种产品如果频繁出现问题，而且公司所承诺的服务制度又如打水漂，

这样的公司离灭亡也就不远了。只有对消费者保持诚信的公司和企业，只有对消费者诚心以待的营销活动，才能赢得青睐。尤其是在这条虚拟触手已经无处不在的时候，一次失败的尝试可能就会因此而毁掉整个营销活动。即便是在张扬个性的网络化时代，也从来都不要试图去挑战年轻人的价值观和他们的下限，否则这样的营销活动将会死得很惨。

没有"免费"的馅饼？——品牌推广术

2008年，中国移动刚推出飞信业务时，是完全免费的。因为能直接通过电脑发送短信到手机，而且能免费短信，给消费者带来很大的方便。飞信业务通过一开始的免费使用，吸引了一大批用户群，并通过口耳相传的病毒营销方式，打响了品牌。

对于广大的网络用户来说，免费是最吸引人的。不论是在电脑上免费听歌看电影，还是免费搜索各种信息，从来没有人想过自己有一天会为了享受这些服务而付费。但免费，并不等于商家在整个的营销过程中一直都处在亏损的状态中。2009年，中国移动开始对飞信会员进行收费。有了数量庞大的用户群，即使不是每个人都愿意成为它的会员，但其利润还是相当可观的。虽然并不是每个使用者都会缴费成为会员，但之前免费应用给中国移动带来的好口碑已经足够抵得上一场盛大的广告宣传。

互联网有其特殊的属性，就因为它自由、平等、信息公开、免费，所以出现了一种免费销售产品的现象。这种策略并不适合所有的产品，企业这样做，肯定有其另外的商业意图，没有人愿意做亏本生意。再免费的内容，其实也都是在给它的目标受众传递自己产品的概念。这就像是我们平时在看电影节目中间插播广告一样，没有人会质疑自己是不是为明星拍这些广告而付了钱，因为广告虽然播出了，但受众不一定就会去买这款产品。以电视为主的传统媒体上的广告，实则只是在给受众传递商品的概念和信息。

而网络营销的特殊性在于，如果不是传统形式的广告内容，那么任何免费的产品在免费下载使用期间，本身就是广告和产品合二为一的典范。类似于在线下进行营销活动时候的免费派送，只不过网络化的免费派送更便捷，且更容易得到消费者的反馈。

年轻派营销认为，在互联网移动时代，免费其实是一种最好的营销战略，免费检测、免费维修、免费试看、免费下载、免费体验、免费使用、免费登记、免费参与……都是获得新客户不错的手段。

图 4-2 显示的是消费者对网络广告的偏好。很显然，消费者认为最适合做网络广告的产品以 IT 产品和数码产品为最。这也是网络用户普通年轻的状况相适应。其他行业都是相对来说较为传统的行业，而 IT 和数码都是新兴起来的行业，结合新兴起来的网络，给年轻消费群体以广告

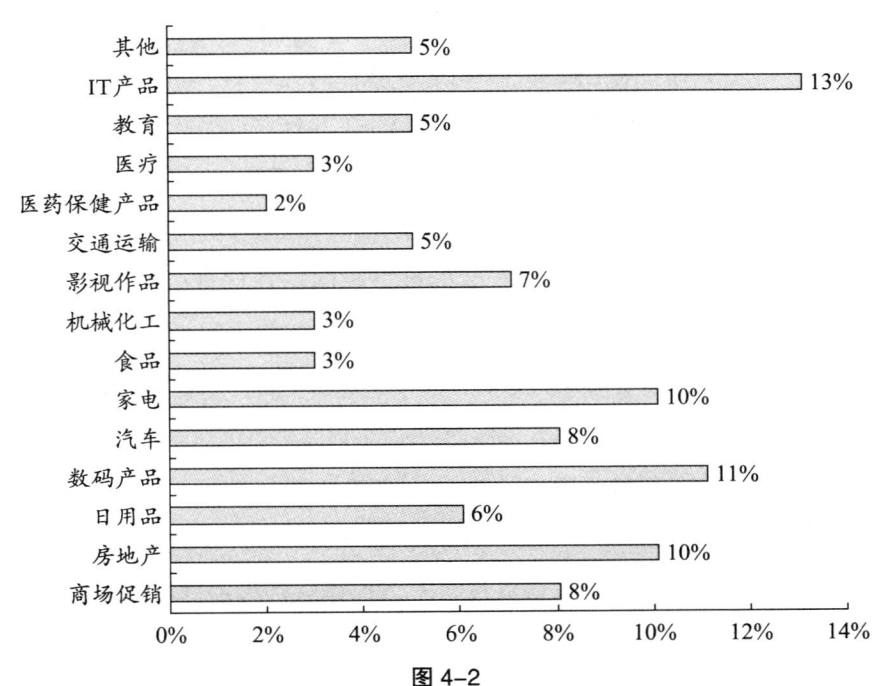

您认为什么样的产品适合做网络广告

产品	百分比
其他	5%
IT产品	13%
教育	5%
医疗	3%
医药保健产品	2%
交通运输	5%
影视作品	7%
机械化工	3%
食品	3%
家电	10%
汽车	8%
数码产品	11%
日用品	6%
房地产	10%
商场促销	8%

图 4-2

的刺激，更容易产生利润。尤其是网络上存在大量对这两类产品的测评内容，更给了消费者理性消费的空间。

同时也应该意识到，那些测评文章，虽然是免费提供给消费者阅读的，但这同样也是营销策略中最隐藏的广告形式之一。

当年轻态的消费者品尝到免费给自身带来的利益和好处之后，产生消费的冲动是必然的。但免费价格策略是有一定的风险的，企业在制定网上价格策略时，不能盲目跟风，要量力而行，充分考虑实际情况。当无法预计免费价格所带来的潜在利益时，切忌贸然行事。

网络作为一种互动性很强的载体，使网络促销成为了可能。网络的沟通方式简单、快捷、高效，打破了时空的限制。在网络上开展促销活动，是一种可行的形式。网络广告正是网络促销最有效的工具。区别于平面媒体广告的图文之外，网络广告可以是动态广告，可以是有声音的广告，还可以添加超链接，使消费者接触到更多关于产品的信息。消费者在网络上对产品的反馈信息，企业在第一时间就能接收到，甚至可以进行即时的沟通交流。即便在对于刚刚研发出来的某款软件的免费测试期，也要产生网络营销的概念。虽然软件或者产品是免费的，并且离可见的盈利目标还有一定距离，但既有的免费期是培养忠实用户的最佳阶段。对于消费者来说，这是免费的馅饼，但对于生产和设计者来说，这却是一块大蛋糕。

网络推广有多种方式，最有效的是提高网站在搜索引擎中的排名。有关数据显示，排名在前十位的页面将掠去此查询访问量的 60%~65%；排名位于 11~20 排名的页面检索将夺得 20%~25% 的访问量；而排名在 21 名后的所有页面检索只能分享 3%~4% 的访问量。

提高网站的访问量，应主动通过各种方式进行宣传。可以以发布广告的形式，可以通过发电子邮件的形式，可以跟其他网站交换友情互链……方法有多种，只有主动宣传，才会招徕各种可能成为消费者的有效访问。也只有这样，网络营销才达到目的。

在这个过程中。搜索引擎是可以给使用者免费提供搜索结果的，电子邮箱也是可以免费收发邮件的，网站的链接也可以让使用者免费到达任何一个想去的网站，所有的这些免费的内容都应该是商家致力于在网络营销中所要达到的目标。

之后的销售，对消费者来说影响最大的便是渠道的选择。

网络营销渠道有多种，常见的有 B2B、B2C、C2C。具体选择哪种渠道，对公司的网络营销有很大的影响。在作出选择的同时，还应建立与之相适应的企业经营管理模式。

典型的例子有美国的 Dell 公司。Dell 公司建立了网上直销模式之后，改变了传统渠道中的多层次的选择、管理与控制问题，最大限度降低了营销渠道中的费用。Dell 公司率先推出了先订单再制作的直销模式，通过在网上提供给消费者多种个性化的消费选择，让消费者自主对每一个零部件进行筛选，公司再通过这些订单进行装配。有了个性化选择这一项，吸引了很多顾客。Dell 公司不仅省去了中间商和代理商，而且实现了零库存的销售模式。既不需要先根据市场预测而提前制作产品，又能使产品在生产后的短时期内能直接销售出去。

Dell 公司很好地抓住了高科技产品更新快这个特点，推出了独特的直销模式，并在经营管理模式上作出正确的选择，是网络直销史上一个非常典型的案例。而网络直销，一方面在给商家省下了店面租赁的费用，另一方面也可以让消费者在网上自由配置自己喜欢的货物，尤其再搭配上免费送货上门和免费安装以及免费退换货的概念后，消费者早已经被置身在由商家和互联网联合提供的免费体系中。尽管依旧需要为自己所购买的商品付款，但相比起在现实生活中要花费大量的时间到商场千挑万选的方式，网络的免费性对所有的年轻人来说都具有无法逃避的吸引力。

灵活运用各种网络推广方式，利用网络营销低成本这一特点，尽可能实现花最少的钱，获得最大的宣传效果。免费，一方面在让消费者获得多种看得见的实惠外，另一方面也能够使经营者赚得盆满钵溢。

自由、变革、梦想

互联网商业经济在中国已经高速发展了十余年，在丰富了媒体沟通形式的同时，也给消费者带来了新鲜的视听体验，更为重要的是它给企业提供了一个全新的营销平台。在互联网带领所有人走进了信息化时代后，之前许多闻所未闻的事情层出不穷。在网络社区中，再也不存在不可能发生的事情，永远都只有你想不到的结果。

市场营销是企业生存发展的根本所在。伴随着网民规模的不断飙升，各行业开始全面触网，都希望借此打开新的营销局面。互联网技术层面的推陈出新持续激发着网络营销从业人员的营销智慧，不仅仅有 banner、擎天柱、富媒体广告等硬性切入，还有深度挖掘互联网媒体特性逐渐深入网民群体内部的社区营销、博客营销、视频营销、SNS 营销，以及搜索引擎营销等等不一而足。面对如此众多的选择，快速成长中的网络营销表现差强人意。

尽管网络已经在这个信息化的世界中开始建设新的商业文明，但网络营销产业的发展还处在成熟前的青春躁动期，正在遭遇成长的烦恼。这正像是一个年轻人一样，有着无限光辉的未来，但却依旧不可避免地要遇到很多尴尬的问题。

这些问题主要包括以下几个方面：

1. 页面不再干净，闪耀着各类广告，充斥着各种视频声音，越来越多的广告位开始影响网民体验，同时也拉低了广告价值；

2. 层出不穷的网络红人、网络事件逐一揭开了隐藏在背后的"推手"、"水军"、"5 毛党"，急功近利，严重败坏着营销环境；

3. 金融危机使得搜索引擎营销逐渐升温，Google、百度等搜索引擎竞

价产品是网络营销的主流产品,多数企业购买了竞价产品后便万事大吉坐等客户自己送上门;

4. 开心网、人人网里开始有陌生"好友"前来推销各种各样的商品,网络社交环境已不再像过去那样单纯;无聊的偷菜争车位成了日常工作……

互联网行业以特别能创新为傲,但互联网本身以及广告人对这些创新又有多少了解和掌握呢?一旦落入创新的窠臼,优势也会沦为短板……

以上这些内容是互联网存在的烦恼,但其实任何烦恼都是具有两面性的。有烦恼存在,侧面也说明了机遇的存在。网络营销最需要懂得取舍,舍弃现如今网络环境中的浮躁,以做传统营销的态势来经营网络年轻态。虽然在网络上做营销是见仁见智的事情,但只做有态度的营销,永远都是所要坚持的底线。即便你的态度再大众化,也永远都有僵尸粉的无限骚扰。

所以要实现网络年轻态,最根本的一点是在于相信,相信在网络上可以创造出现实生活无法实现的更多的不可能。网络创造赢家与输家,改变我们做生意的方式、我们教育孩子的方式、作为个人交流和互动的方式。更深一步说,网络改变的是我们的生活方式,尤其是对于伴随着网络长大的年轻一代来说,网络代表的可能就是他的全部生活。互联网影响并改变一切事物,网络也将改变世界上任何机构的形态,以及个人的形态。所以在进行网络化营销的时候,如果只是把网络作为一个媒体,而不去对使用网络的人产生过多关注的话,这样的营销内容永远都是极其死板的。这不单是优化企业的网络广告投放,提升企业的广告投资回报率等问题,而是涉及一家企业在整个营销活动中的态度问题。再漂亮的营销活动,面对的从来都不是冷冰冰的电脑屏幕,而是坐在电脑前面正在用鼠标点击页面的有思想的人。他们是一群网络化生存的年轻人,想要在网络上宣传推广,就不得不先照顾到顾客的情绪。

对一个企业来说,没有顾客,就没有市场,企业要想在网上建立起自己的市场,就必须建立自己固定的顾客群。实现这一目标的要害是必须采取一切方法和技巧把目标顾客吸引过来,网络营销可以结合网络的特点发掘许多营销创意。

结合年轻人的特点，自由、变革、梦想等词汇，都是他们的写照。相比起现实生活，他们在虚拟的网络上更能够表现出真实的自己。很多中小企业认为，只要企业添置几台电脑，租用一个网站空间或者干脆去淘宝之类的 B2C 网站开个店面就可以成为网络商家，为产品开拓出一条新的渠道了，其实企业主根本没有考虑好怎么做电子商务，一直存在这种误区。因为即便是在网络，年轻人也从来都不会放弃自己的个性。就像是风靡一时的火星文一样，这是专为网络而生的一代人，他们需要能够以最快的速度和这个世界接轨，所以才会需要更高速的网络带宽，以及具有不同特点的网络传播活动。

在此基础上，事件营销（炒作）能够以最快的速度、在最短的时间创造强大的影响力。所以被世界上许多知名企业所推崇，作为品牌推广传播的先锋手段，近几年更是愈演愈热，炒作成为一种相当流行的营销手段。事件营销能避开国内媒体近年来收费居高不下的状况，为企业节约大量的宣传成本。事件营销能避开由于媒体多元化而形成的信息干扰，提升企业品牌的注目率。信息传播过剩和媒体多元化造成的信息干扰，也令很多的传播大打折扣，而事件营销却能迅速抓住公众的"眼球"提供信息传播的有效性。

网络再先进，也终究是人类科技造就的产物，最终也依旧要为人与人之间的交流服务。所以借助炒作的力量，其实只是在把每一件足以吸引人眼球的事情无限制放大，让更多的人通过网络知晓，并且加入到自发宣传的队伍中来。

但反过来说，网络上这些足以好好利用的优点，恰恰也正是上文刚刚提到的网络存在的缺点。这也说明了网络双刃剑的作用。事实证明：网络营销无论是在投入还是在企业利润的提升方面，回报率都超过其他广告形式。传统企业在进军未来市场过程中，依旧不可忽视网络营销所有可能产生的作用，而且应该巧妙运用之。

网络营销面对的是互联网这样一个虚拟市场，因此必须摆脱以往在传统的现实市场中的若干局限性，在经营策略、方式、手段上有所突破，建立一套适合于网络这种虚拟市场的运作机制。企业要引入网络营销战略，首选要清楚企业通过网络营销实现什么目的，同时根据企业产品销售渠道特色、用户人群、采购商需求特性，选择一种合理的网络营销模式。

企业网络营销目标一般分为四类，分别是：销售型网络营销目标、服务型网络营销目标、品牌型网络营销目标、提升型网络营销目标。另外，混合型网络营销目标可能会同时达到上面几种目标。而企业要通过网络手段实现以上几个目标。制定出一个合理的网络营销战略就显得尤为重要。

"网络营销推广"一直都是市场推广的重要内容。在互联网蓬勃发展的今天，众多中小企业已经加快步伐抢占网络营销这一科技制高点，将网络营销视为未来增强竞争优势的主要途径。因为在网络上，企业属于年轻派，消费者属于年轻派，甚至连网络这个营销工具也属于年轻派，三剑合一，还有什么不可能？

虚拟 VS 现实

这是精神缺失的信息时代。年轻人沉溺在网络中，是因为这里有更多的无限制自由可供挥霍。年轻人是一个新鲜的社会群组，他们在现实生活中多半还处于依靠自己的力量艰苦奋斗的阶段，因此总免不了对社会和人际的抱怨。网络恰恰提供了这样一个各自吐槽的平台。尤其是在网购之后，所有的情绪都会在评论中体现出来。当感到满足的时候，他们会对商品充满溢美之词；当因为商品本身的缺陷或者服务问题时，他们又会毫无留情地把自己的不满发泄出来，通过引得更多的人围观，进而使得负面评论爆棚，从而产生一系列难以避免的蝴蝶效应。

尽管网络营销是一场线上的虚拟活动，但它从来都没有和现实脱离过关系。这场营销的发起人是在现实生活中实实在在存在的实体，目标受众是正在注视着电脑的每一张不同的面孔，网络只是个媒介，营销归根到底还是人与人直接的问题。虚拟的是商品和消费者之间的情绪链接，现实的却依旧是为了这款消费情绪产生的消费冲动。

所以任何网络营销活动，都不希望和现实脱轨。永远都不要忘记这是一场和伴随着网络成长起来的年轻人之间的战争，他们可能比你更了解网络，而营销活动需要做的是让这样一群消费者意识到，自己在网络上的真正需求是什么。

网络本身虽然并不能解决吃穿住行等问题，但却能让每一件需要解决的事情都能够以最简单快速的方式完成。来自麦肯锡的研究报告《崛起的数字中国》提到，"75%的网购消费者小于34岁，53%拥有大专以上学历，超过半数属于中产阶层以上。值得一提的是，网购花费最多的消费者占网络消费者人数的20%，其网购支出占总金额的70%。相比普通网购消费者，他们更年轻、学历更高，也更加富有。"这样一组数字也可解读为：年轻的网购者消费力更强。有预测认为，10年后，超过80%的消费需求都将通过网络解决。越来越多的年轻人甚至已经将网络购物当成其购物的第一选择：能网上买的就网上买，实在网上买不了的才考虑到商场、超市等购买。

这虽然只是年轻消费市场上一个小小的消费方式的转变，但给商家带来的影响，乃至是整个行业格局的改变，都是巨大的。

在越来越多的消费者眼里，网络购物正以其便利、互动、价格便宜、结算方便等各项优势成为其购物的首选。而事实上，网络购物不是在未来产生影响，而是现在产生了很大影响，未来将产生更大的影响。

网购是一种新的生活形态

和传统的商场消费比较起来，网购的优势很明显。但不论是对于消费者还是对于商家来说，网购消费的时代依旧脱离不了钱物交换的本质。充其量，网络购物只是换了一种形式和一个交流的平台而已。网络是属于年轻的产品和活动地带，但其呈现出来的快速发展的局面已经在商业形态中占据越来越重要的地位。随着科技的日益发展以及年轻群体的增多，网络购物必定会成为最后的主流。从销售额来说，淘宝网的服装类销售早已超过北京所有亿元商场的总和，而我国服装业的新锐PPG、VANCL销售额直逼我国服装业的龙头企业雅戈尔。在未来的二三十年，我国网络购物业必将产生对中国整个商业业态起到主导作用的龙头网络购物企业，其崛起的速度可能超乎我们的想象。

所以，永远都不要把网络购物看成是单纯的商家和消费者之间的关系。年轻人不愿意去商场购物，并不代表他们承担不起商家里的高昂价格。而是网络购物本身代表的就是一种新生活形态的崛起，网络购物正深刻地影响着我们的社会。在网上买衣服、买家电、买化妆品、买小饰品……越来越多的商品成为网络购物产品。而对网络购物者来说，网络购物不仅仅是一种购物渠道，更重要的是一种生活形态。

在网上，省却了逛店的精力、体力，只要点点鼠标，就可以货比三家，买到称心如意、配送便捷的商品，这显然非常具有吸引力。网络购物的客户方便，这一巨大核心价值优点吸引大量的购物人群。对很多人来说，网络购物已经成为其日常生活的一部分。

既然作为一种生活形态，商家在营销活动中需要做到的就不仅仅只是对于产品的推广了。网络是现实的延伸，并且还辐射到了现实生活中。在和现实PK的过程中，消费者的教育背景、生活背景、职业背景共同构成了其生活形态。而生活形态则直接决定了其消费的行为、心理、习惯。从根本上说，正是精准分析、满足了特定的生活形态，所以各类商业业态才会产生并繁荣昌盛。也就是从这个意义上说，任何商业业态的更替、兴亡更是深深根植在消费者的生活形态的更替上。

80后、90后消费群是新生代的消费群。从生活形态上来说，这是一个敢于梦想、敢于尝试、敢于消费的消费群。网络购物之所以会出现如此迅猛的增长，其根源就在于新的生活形态的崛起。网络购物的消费群是以提高自身的存在价值、个体感受为核心，非常关注自身生活品质的提高，以自我作为考虑的核心与生活的重点的一群。对新生代消费群来说，网络购物绝不仅仅意味着一种购物方式，而是意味着全新的生活模式。因此，对任何企业来说，网络购物产生的影响都不应该单纯从市场、销售、营销中寻找答案，而应该从文化、社会、生活形态中寻找答案。不了解网络购物背后所蕴含的深刻文化、社会、生活模式，就不可能真正了解、准确把握网络购物。

营销只是形式，口碑至上

网络购物正深刻地改变着商业业态格局。从一般意义上来说，网络购物取决于三个要素：第一是信息发展程度，一个国家、地区信息化程度越高，那么网络购物就会越发达；第二是金融体系的发展程度。网络购物依赖于整个社会的信用体系、电子商务结算体系的建设，电子商务结算体系越发达，那么网络购物也就越发达；第三就是物流体系的发展程度。一个国家、地区的物流体系越发达，那么其网络购物也就越发达。前两个因素依赖于整体的社会环境，而第三个物流的因素则更加个体且具体化。

一个商家选择同哪一家的物流合作配送，或者是选择自己独有的物流系统，最终是取决于彼此间的经济利益。但物流的送货员是和消费者直接进行面对面的，是商家的形象代表。网络的虚拟性造就了消费者在收到货品之前永远都不会知道盒子里装的东西的质量到底如何，往往第一印象便是对快递送货服务的感知。因此，抓好了快递这一关，也就是等于是在整个蝴蝶效应体系中占据了先锋。

尽管网络购物和商场购物有着不同的特征，但二者之间其实并不是你死我活的冲突。很多传统的商场都有网络店面，如苏宁电器，并且还会积极地开展网络促销活动以抵抗电商的大规模冲击。另一方面，传统商场的网络化也更利于消费者在家足不出户就能对所心仪的商品进行挑选和对比。同时，商场也会利用自身的优势在形象设计和氛围营造上做足工夫，增加消费者的体验。网络购物现在、未来都不会替代线下购物的重要作用。更可预见的现实可能是：网络购物与线下购物的互相融合、互相促进，推动整个商业业态的整体进步。

尽管人们在过着线上的年轻生活，也依旧要回到现实中。所以任何网络营销活动都不要单独地去只针对于网络，否则将会很容易忽略掉坐在网络另一端的消费者个体。网络总是具有个人性，坐在电脑前的营销活动不是靠鼠标搜索出来的，脱离了现实的营销，也永远都活不出年轻态。

微博，微信，带你走进 2.0

艾瑞咨询研究中国不同网络广告形式发展情况发现，2008 年中国品牌图形广告增长迅速，市场规模达到 80.4 亿元，依然占据市场主体地位；搜索引擎广告营收规模达到 50.3 亿；而富媒体广告经过近两年的快速发展，市场规模达到 9.6 亿。《2008-2009 中国网络广告行业发展报告》数据显示，美国不同网络广告形式中，搜索引擎和品牌图形广告基本保持在 40% 和 30% 左右的市场份额，而视频/富媒体广告在未来增长最为迅速，市场份额持续增加。

这是一份十分具有科学性的数据资料。根据这份资料显示的内容，在网络上投放广告必定大有钱途。然而，一切都随着一个叫"微博"的东西的出现而改变了。以前人们惯常在浏览的视频网站、音乐网站，甚至包括搜索引擎在内，都开始被一个简单的微博页面所代替。微博，已经不仅只是表达个人碎碎念的地址，现如今的它，代表的是存在于网络上的一切。

微博是 web2.0 时代下的最新产物，网友以 140 个字发送图文博文，实现分享交流的效果。作为极具自由性的社会化新媒体，它具有便捷、实时、互动等多种性质。

在国内，新浪微博占据了6成以上的微博用户，使用微博的总人数达2.6亿，并吸引上万个公司企业进驻微博平台，开展新媒体营销道路。在当今的网络营销环境，微博是中小型企业快速发展品牌，巩固口碑的不二之选。

当网络进入web2.0时代，不论是商家还是使用者，都已经厌倦了单调的硬性推销模式，转而把战场扩展到了用户深层体验上。就如同那句广告语，大家好，才是真的好。这是口碑营销模式下必然要经过的一条道路，同时也对营销活动的双方都提出了更高的要求。

在微博时代，一家企业如果和消费者脱离关系，就已经远远地和这个时代隔离了。消费者需要的只是在微博上轻轻地键入@，就能够快速地得到来自企业客服提供的一对一针对性的回答。但一般的实业性企业与所谓的微博托管公司并没有对微博这一社会化新媒体平台有足够的认知，仅停留于一般机械的更新、公司公告等，使微博最突出的互动性根本不能发挥其功能，最终只能成为摆设。

企业微博能够做什么？

微博对于企业来说，其核心价值在于企业的口碑传播，从而吸引用户或潜在客户关注留意公司品牌，并参与交流、互动。"微博客服"已经广泛应用于各行业的官方微博，这可以做到一个售后咨询的成本节省。鉴于微博具有良好的灵活性，可以在收到用户问题意见时快速做出反应。在微博这个"无界"的地方，可以及时发现负面信息，并进行合理的解释、开导，化解矛盾，净化网络中的不良口碑，达到一定的危机公关作用，更帮助企业快速有效地积累起固有的粉丝群以及好口碑。

其实微博不仅仅只是一个企业的宣传页面，在粉丝和消费者之间产生互动的过程中，等于是在无形中打造了一个微社区。微博的社会化与互动性决定了它在一定程度上取代 SNS 的社区功能（实际上已经在逐步代替），因此，可以通过日常的网友咨询互动，有趣的微博内容、微博群的建立以及丰富多彩的线下活动，营造良好的营销氛围，培养铁杆粉丝团。

尤其是在和粉丝互动的过程中，一些恰当的小活动就能够实现一传十、十传百的强大的口碑广告效应。微博活动就可以有效避免"盲目优惠"的情况出现，以最火热的新浪微博平台为例，它具有相对完善的活动机制，可以支持上百种不同方式的抽奖方式（比较常见的是"有奖转发""随手拍""大转盘"等。）在活动之余，又可以有效传递企业文化，深化口碑塑造。同传统媒体动辄上百万的广告宣传费用相比，这样的由粉丝自发组织起来的转发活动几近于免费进行，可以算得上是一件一本万利的事情。

尤其企业微博是一家企业的门脸。微博的便捷发布机制就可以把公司的动态展示于公众，提升品牌高度，并使用适当的链接关联，创造及时的销售渠道。每一条微博，展示的不仅仅是公司的商品，更是公司理念、内涵、人本思想的传播。

更由于微博的便利性和时效性，它是一个可以随时都傍上话题效应的载体。微博具有四亿用户，影响力不用质疑，不少的网络爆红事件均在微博中发生，杜蕾斯策划的"北京大雨安全套防水"事件、火爆的"秋裤体"等，这都帮助其产品带来巨大的网络反响。这是任何传统媒体都无法带来的新体验。在传统营销活动中，总是要受制于计划周期，一旦中途产生无法避免的变故，整个营销计划可能都会因此而搁浅。并且在计划周期内如果发生其他更具有重要意义的事件，也很难调整整个计划的方向，最后只得哀叹可惜。这也就更显得微博营销的灵活性了。

微博虽然简单，但企业版的微博和个人微博还有不一样之处。企业微博是个人吐槽的地方，其在微博内容中所应该保持的价值体系、适当地宣传、积极组织粉丝互动等内容，都需要对微博管理者有一定专业培训。其实，从微博成为主流社会化新媒体平台的一天起，企业微博外包托管已经十分普遍。

要想打理好企业版微博，需要做到以下几个方面：

1. 微博品牌定位：微博现状问题诊断、微博定位方案制定、微博品牌高度提升、微博营销策略分析。

2. 微博内容托管：通用话题、企业资讯、实用类、情感类、新鲜类、娱乐类、消遣类、影音类。

3. 微博活动策划：活动文案策划、活动图片设计、活动跟踪推进、活动结束、活动总结报告。

4. 微博CRM管理：微博客户归类、客情日常维护、客户口碑引导、客户投诉解答、客户沟通互动。

5. 微博应用开发：微测试、微盘、微游戏、微转播、微群、微视频。

6. 微博矩阵传播：企业微博——品牌产品微博、客户服务微博；个人微博——领导微博、员工微博。

7. 微博舆情监控：企业话题关注、竞争对手关注、舆论口碑引导、微博危机公关。

做好微博，也就等于做好了营销宣传的首阵，这是其他一切活动的基础。微博具有改变世界的能量，但先要让微博改善企业自身，进而影响到数以万计的粉丝群，以微小的140个字的力量去架起整个年轻人形成的网民群体，以及用千万元广告费用也难买来的好口碑。

微信，更大更广阔的时代？

如果说微博是社会化媒体时代的代表作品，则微信为社会化媒体提升为营销的升级版本。

当既能"精准"，又能"互动"的微信出现后，营销思维似乎被人为地改变了。微信的个人账号就有较强的个人属性，其好友和粉丝被赋予较强的"关系"符号。新推出的微信公共平台在这个基础上，对用户进行了更为细致和严格的管理。虽然目前开放平台更多的体现在APP的开发和运营上，但是基于微信用户信息的点对点推广已经成为开放平台的必然选择。对于企业公众号，在微信上拥有更多的信息传播方式。现有的传播方式主要有漂流瓶、摇一摇、位置签名、二维码、开放平台、公众平台、语音信息、图文信息等几种方式。这些方式都有一个共同点，那就是特别适合"推送信息"。

相比微博和企业的官方网站，微信的互动性显然是更好的。对于用户来说，信息的一对一推送，有专属管家的感觉；信息的100%送达，更像是一对一的信息派发，更为及时有效的信息传播途径，让信息最及时抵达用户，为用户做决策提供最为有效的依据。结合地理位置和用户喜好的信息传递方式，让用户体验到更为便利的感觉。而这一切的服务，都是以用户为中心的。

微信以一对一的信息传递开始，以用户的购买为桥梁，以消费者的转介绍为目标，以提升用户的体验为宗旨。这个传递的过程构成了微信营销的价值链条。在这个过程中，微信发挥了自始至终的作用。从传播信息到针对性的推荐，到提升用户的价值体验，微信的价值毋庸置疑。（如图4-3）

图 4-3

年轻派营销咨询也开通了公众微信：gd628888，在短短的10多天时间，创造和积累了几百名自动自发获得的粉丝，取得了不错的交流效果。可以说现在是微信的公众平台和公众账号二维码普及的时代，它能让每家企业以拟人化的形式通过手机端和粉丝互动、群发信息、图片甚至语音等进行全方位的沟通。在这方面旅游企业的营销可谓走在了前面，旅游企业通过植入微信营销的方式，加强了消费者的感知体验。国内的一些酒店、航空公司、在线旅游网站、国内景区以及旅行社等也都纷纷开始利用微信独有的特性，进行本地营销推广，用微信提供移动式实时客服平台、预订、景点门票打折等各种服务。

我们从微信客户端官方账号搜寻功能可以发现，在线旅游网站包括同程网、艺龙网都已经在微信开通了平台，同程网的官方公众账号除了可以预订之外，还开通了全国景点团购的公众账号，提供 8000 家景点的团购；廉价航空的代表亚洲航空的微信则以发送促销信息为主，提前告知用户促销信息，每周大概发送 2~3 次到其关注的手机客户端；上海旅游局也在 2013 年年初推出了名为上海会奖旅游的微信，定期发布上海旅游市场动态及热点旅游信息，开展一系列在线和线下活动。

平价连锁酒店布丁酒店之所以在微信上取得不错的营销成果，主要是由于微信通过"附近搜索"功能推荐用户所处地理位置附近的酒店，并将用户引导到布丁酒店的公众账号申请会员卡或进行预订等服务。其微信营销的价值很好地显现了出来。据了解，目前布丁酒店的微信客户端会员总数已超过 25 万，日均增长会员数逾 4600 人，平均每天为布丁酒店带来 169 个订单。当使用者关注酒店的同时，不仅仅是获得一张会员卡，实际上更是收藏了酒店的订房方式，未来只要使用者有订房需求，可直接打开微信布丁酒店账号进行订房操作，对有使用微信习惯的用户来说提供了极大便利。

此外，部分国际品牌旗下的个体酒店也已开设各自的官方账号。朗廷集团中国区公关经理孙焱认为，朗廷集团大中华区电子商务部早已关注到微信营销，集团今年已全面在大中华区的所有酒店尝试微信营销，包括朗廷、朗豪、逸东华等品牌旗下单体酒店都有自己的二维码图片及微信号，并在酒店电梯、大堂、客房等区域都放置了二维码图片及宣传展板，客人只要拿起手机扫描二维码就可关注酒店。客人关注酒店的微信之后，酒店就可以不花一分钱将酒店的餐饮、住宿等优惠信息直接传送给潜在消费者。

当然，使用微信的不仅仅只有旅游企业，现在越来越多的企业开始尝试使用微信来进行推广和营销。微信的 LBS 功能和即时通讯功能，让微信营销的价值被完全释放出来。车托帮是北京一家致力于开发智能交通技术的高科技公司。用户要想了解路况，只需要发送道路名，"微信路况"即通过图文方式将用户周围的路况信息反馈给用户。同样，如果用户想查询某条道路的交通情况，直接输入那条道路名称也可以获得附近的路况信息。不过，目前产品服务还比较简单，仅实现了"在哪儿"的问题，下一步计划打算实现"去哪儿"或者"怎么去"的问题，为用户提供出行的路况信息及路线规划。此外，公司还计划提供基于地理位置的社交功能。车托帮提供的信息是与路况信息的整合，有针对性地满足了用户了解路况信息的需求。

还有一家公司名叫外卖网络，用户在微信中添加为好友并发送当前位置后，外卖网络会给你发送周边一公里的外卖单，每次显示15家左右的商家信息，包括商家编号、名称、距离。这个时候，你只要回复商家编号，它就会自动发回商家的联系电话和所有菜品信息。目前外卖网能够为用户提供1万多家从小饭馆到高级餐厅的商家信息，目前已开通北京、上海、广州、深圳、南京等地区。他们的创始团队原本就从事多年外卖工作。现在，他们同时也在经营一家专门的外卖信息查询网站"外卖网"。外卖网络是基于LBS的即时信息服务，通过对用户的地理位置进行定位，为用户提供对应的信息服务。

我们断言，从最初微信的推出，仅限于方便个人与个人之间的联系，而现在大家开始发现手机用户使用微信不再局限于朋友之间的交流对话，还可以查找其他更多的专业信息账号，关注更多有价值的微信公众平台。而精通于营销的用户，则在微信的使用中发现了无限的商机。微信不同于微博，商家和使用者之间的对话是私密性的，不需要公之于众，亲密度更高，可以将满足消费者需求和个性化的内容推送到各个潜在关注的使用者手中，使用者也可以一对一地与其互动。微信公众平台信息的到达率可说是100%，还可实现用户分组、地域控制在内的精准消息推送。反观2012年热议的微博营销，其广告信息很容易被淹没在微博的滚动动态中，除非刷屏发广告或者消费者刷屏看微博，否则无法保证消费者可以实时看到信息。当然，这里还有一个最大的前提，那就是用户必须关注你的微博，否则即使你发布了广告，粉丝也是看不到的。

微信产品推出至今逾两年时间，其营销的潜力和价值正在被越来越多的企业和微信研究者挖掘出来。依附于智能手机和移动互联特性的微信，在社交与O2O方面都展现出了极大的前景，甚至可以说重新演绎了QQ占领PC用户市场的辉煌。公共平台的开放为企业微信营销提供了一个基础平台，而开放平台则为企业实现微信营销的价值提升搭建了一个更为坚实的基础。

智能手机作为移动互联网的载体，现在变得越来越普及，这些年伴随着智能手机"性价比"的进一步提升，智能手机已经成为普通人的一般消费，预计2013年我国智能手机的用户可以达到5亿。这对于微信营销无疑是一个巨大的利好消息。当然，智能手机带动的不仅仅是微信的发展，它带动的将是一个产业的变革。以微信为代表的移动社交网络正在迅速崛起，一个以社交媒体为核心的社交网络正在迅速形成，一个基于微信营销为核心的营销革命即将到来。

笔者强烈建议，作为企业品牌的你，是否应该立刻就在现在开始行动，展开你的微信系列营销之旅……

结合笔者为企业提供的初步阶段的经验，可以做以下几个方面：

1. **微信平台建设**：微信搭建，基础会员发展，对手同行观察，平台内容储备，平台差异化思考。

2. **微信平台内容定位**：品牌定位、品牌风格模拟、对手差异化研究、素材储备、人员培训。

3. **微信平台营销活动规划**：活动文案策划、活动图片设计、活动跟踪推进、活动结束、活动总结报告。

4. **活动落地推广**：地面渠道推广结合、产品促销结合类、客服销售引导类、品牌广告传播附带类、鼓励加微信动作。

5. **微信运营维护优化**：微信测试、微信内容发布、微信内容优化、微信鼓励转播、微信粉丝统计、微信阶段性优化改进计划。

6. 营销转化测试：微信销售预告、微信新品测试、微信调研问卷、微信优惠限时告知、微信粉丝公布抽奖……（如图 4-4）

微信会员二维码CRM关系图

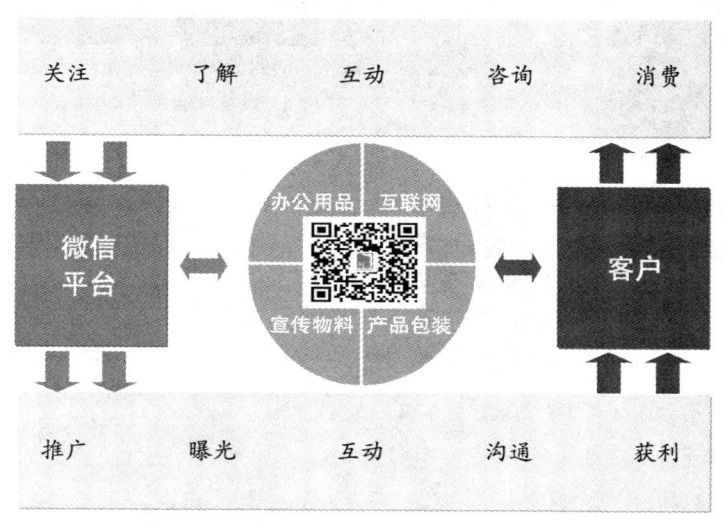

关注　了解　互动　咨询　消费

微信平台 ⇄ 办公用品 | 互联网 | 宣传物料 | 产品包装 ⇄ 客户

推广　曝光　互动　沟通　获利

图 4-4

包装二维码参考效果

图 4-5

二维码展示误区

这个二维码也太高了吧,要仰视来拍,累啊。

上图的二维码本来是够大的,应该好拍吧,但是可能由于LED大屏幕,像素精度不够,导致拍码成功率相当低。

两个二维码不要靠太近了,不然很容易拍错的。

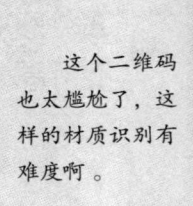

这个二维码也太尴尬了,这样的材质识别有难度啊。

Q卡的广告时间太短了,拿出手机码都跑了。

地铁窗户外的广告牌,要捕捉拍码真是个技术活啊。

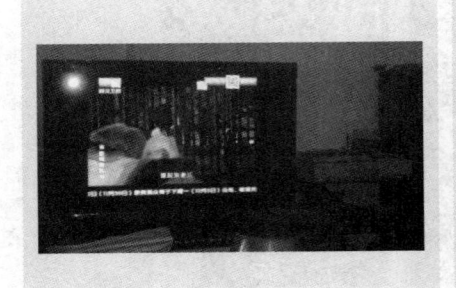

图 4-6

链接：我眼中的品牌2.0（作者：顾讯）

2.0品牌给顾客提供了一个基本价值

"基本价值"这个词听起来平淡无奇，但别忘记我们生活在一个如何过度营销，以及被各种人为细分利益"诱导"的年代，我认为很多品牌实际上在逐渐丧失了存在的基本价值。

举个例子：宝洁3个大众洗发水品牌，飘柔、潘婷和海飞丝的区隔定位，每个人耳熟能详，在10年前它的区分无疑是成功的。但到今天你会觉得还有很多人真相信海飞丝真的比飘柔更去头屑吗？潘婷又比海飞丝更滋养头发吗？后来宝洁甚至夸耀它还可以滋养头皮……当然，中国市场非常大，在二三级市场有非常多的消费者相信这样的利益差别，但很多成熟消费者都早已经醒悟，这完全是广告传播以及利益驱动的需要。另外，从消费者的价值而言，或许单独的利益已经不再吸引人——很多消费者已经转向既需要头发护理，又需要柔顺干净的全面洗发水（这就是为什么高露洁推出"全效"牙膏的原因）。因此，在最近几年可以看到飘柔、潘婷和海飞丝在逐渐走向3种以上利益的融合，并且全力向乡镇和农村市场扩张。

宝洁的生意能力是毋庸质疑的，只不过上述3个1.0品牌的黄金时期已经过去（因为消费者的价值主张发生了变化）。我们必须要知道，品牌定位和利益细分是一个有帮助的工具，尤其是品类发展的不同阶段，可以帮助企业规划相应的品牌组合。但是，不是所有的品牌都有同样的战略意义，有的一直坚持了基本价值主张，而有的不过是满足了阶段性的潮流，当然还有些品牌只是一个"梦工厂"，给消费者制造了一个虚幻的泡沫，好比露华浓创始人所说的："我们身处一个给妇女制造梦的产业"。

今天要取得成功的品牌，必须要分清楚什么是消费者的基本价值。IBM，HP笔记本等是典型的1.0品牌，ASUS，FUJISU等是追随他们的 1.0，而 DELL 以方便快速的直销服务，满足了顾客新的基本价值，符合 2.0 的特征，还比如这些：Google 在提供友好以及强大技术支持的搜索功能之外，还开发了各种令人惊异的应用；Starbucks 环境友好，咖啡质量也不错，更妙的是它永远接近你的办公室，是一个聊天的好场所；The Body Shop 质量不一定最好，但是它体现了女性作为独立的力量，如何关注这个世界的环境以及各种问题的声音……可见，任何 2.0 品牌都拥有一个简洁又清楚的价值——它一定符合常识，任何人都能理解并脱口而出。

2.0 品牌服务重于产品，它真正把品牌理解为顾客关系，通过顾客体验来塑造品牌

Google 是产品还是服务？Ikea 呢？Starbucks 呢？……产品当然永远不会过时，不过服务已不仅是收益附加值，它已成为驱动品牌发展的主导。如果观察一下最近 10 年新诞生的品牌，你会发现它们几乎是服务为主导，这是我们的经济转向服务的典型标志。

在服务经济时代，品牌这个词已经重新被定义。

品牌 1.0 阶段，品牌是"差异化的产品或服务集合"，它重视产品和广告，因为这是构成差异化的关键。品牌 2.0 阶段，品牌不再以企业为中心，它是"消费者关系"，因为关系是相互的，不是一方施加给另一方的，它是在交往、互利互惠基础上获得逐步信任并发展起来的。因此，人越来越重要——这不仅指顾客，也指企业的每一位员工。也就是说：顾客要在使用中去认识和感受品牌，而企业也必须从内到外去推动建立这种关系。

这是为什么那些依靠强大的媒体攻势、广告噱头或人为捏造的某种特征，指望建立强有力的品牌关系的 1.0 做法，在现在和未来已经很难成功？当然，那些还指望采用这种辛辛那提肥皂商的传统做法来推广自己的 .com 品牌，更无一例外都遇到了失败，从 2000 年前后的 .com crisis 到后来的 yohoo 广告大宣战。

04 线上的年轻态生活——"人肉"传奇

2.0 品牌很少借助传统媒体广告，而通过事件和消费者体验来进行口碑营销

并非 2.0 品牌没有足够的广告预算，而是从一开始，他们就专注在围绕顾客的基本价值，在与顾客的交互体验中逐渐建立了自己的品牌，而完全无需广告（想想看 Google 与 Starbucks 吧），也就是说，他们用不着在打造品牌上花太多的钱。

毫无疑问，广告公司和媒体对这个现实觉得很悲哀，而从传统消费品公司出来的品牌人员也很恼火（当然也包括我本人，哈哈），想想看，他们竟然不需要我们培养多年的 1.0 品牌经验和技能，难道我们快失业了？

或许你会说：这种做法并没有什么玄妙，它不过是回归原点，任何品牌都应该是这样在使用中一点一点建立。但为何我们在过去 60 年这样倚赖外在的广告传播？

1.0 品牌传播上的特点，是以巴甫洛夫理论为基础。如果你有兴趣阅读大部分关于广告传播以及消费者心理学的著作，你会发现他们都基于这样一个刺激－反应－控制的理论。消费者处于一个封闭的被动的环境，就像巴甫洛夫饲养的小狗或斯金纳的小鸽子一样，被刺激 3 次以上（TVC 传播中一般把 frequency 放在 3+）就会自动记忆和产生反应。所以，所有成功的包装消费品品牌，你都会发现它离不开曾经主宰这个地球从晚上 6 点到 11 点时间的电视频道，那时候所有的消费者都仰着头期待每一个肥皂剧和广告……

然而，今天的顾客会主动搜寻、吸收、分析和理解对自己有用的信息，其中 Internet 是改变的最大力量（当然还有目前风行的 web 2.0 应用）。所以，今天成功的品牌传播，毫无例外消费者已经变成媒体的一分子，因为他们在传播自己喜欢看到的东西（而不是过去企业想宣告的），比如诙谐、冲突、矛盾的情景和个人体验等。

幸运的是，品牌传播这个职业还会存在，但它必须考虑广告、公共关系、媒体、顾客服务以及技术平台的融合，并且致力于与顾客发生直接接触。

2.0品牌对于品牌的看法更加轻松和大胆，通过幽默、有趣甚至反叛、矛盾、破坏的风格来突出品牌

这代表了普遍的自由和多元化的生活态度。品牌不过是一个传达关系的商业符号，在这个人们连教皇和国家都可以嘲讽的年代，凭什么还要觉得你的品牌充满了圣洁又庄重？我们看到，一个又一个道貌岸然的品牌被拉下神坛，比如Benz、SK-II等，虽然其中有一些巧合，但深刻反映了这个时代的真实心态。

那些1.0品牌，它们总有一本厚厚的brand guideline，在第一页总会告诉人们它有一个远景（vision）——无论这是一个尿布还是饼干，然后把每一个动作与视觉精心设计并严格培训，因为它们总是小心、保守和维护现有利益。但2.0品牌显然并没有把自己太当回事：Google的标志非常简单，而且鼓励顾客随意设计中间的两个O；NIKE的标志就是一个小钩子，除了不能斜着或倒过来放，你把它用什么颜色什么尺寸放置都是合理的（这是tony告诉我的，他以前在JWT服务NIKE）；Virgin就不用说了……

2.0品牌结构简单，公司和产品品牌高度合一，并且由公司高层（甚至创始人）战略性推动品牌发展

我们常常说有三种品牌结构模式，一是所谓亚洲模式（大品牌，公司与产品品牌合一，极端多元化），二是美国模式（淡化公司，突出产品品牌，喜欢做大众品牌，低利润规模大），三是欧洲模式（强调公司，倾向于系列化产品品牌，追求高利润而不是规模）。或者说，第一种模式是公司品牌（House Brand），而第二、第三种模式实际上是品牌公司（House of Brands）——不同模式各有优劣，背后又有历史和商业的不同，这里我们不去分析它。

1.0品牌的普遍经验，是趋向于淡化公司，而致力于将产品包装成

04 线上的年轻态生活——"人肉"传奇

一个独特的"人"的东西来吸引消费者——比方，将A饼干看成你的一个工作中的幽默同事，将B纸巾看成一个陪伴你成长的家庭成员……一个成功的品牌公司，就是像P&G, Unilever那样的"梦幻团队"，拥有很多个不同的"人"去吸引不同的人。

但是，这种想法好像逐渐变成一厢情愿。我必须承认，大多数品牌经理都很努力，但要让消费者相信这块饼干或纸巾是一个"亲密家人"或"朋友"，实在是有点勉为其难，毕竟今天的消费者已不是生活在几十年前那个纯真时代。

最近几年有一个明显的趋势，就是品牌简单化，并且真实化——与公司品牌合一。

观察一下最近10年诞生的领先品牌，毫无例外都是公司与产品/服务品牌合一。而很多传统大型消费品公司，在最近几年也被迫削减产品品牌名单，或者压缩品牌层次——少点所谓子品牌，背书品牌之类……而且我预言Pepsi印度裔CEO上台之后，作为CFO出身的她，马上就会开始削减无利润的品牌。

这个趋势背后的原因有：

1. 打造一个单独品牌的成本越来越高昂，不仅是费用问题，而是消费者越来越不关心缺乏真正价值的品牌（你关心"健康工坊"饮料吗？）。

2. 单一的品牌，利于保持公司和品牌远景的一致性；而冗长和复杂的多品牌管理，常常消耗品牌的生命力及创业精神（假设google是yahoo的一个产品品牌，它可能有今天的成功吗？）。

3. 消费者越来越关心真实的公司。

过去营销界有一种成见，他们认为消费者总像一些看起来有点傻里傻气的主妇：她们只关心某个具体的产品，而并不关心生产这些产品的企业。因此企业不需要去突出自己的公司。所以，卡夫只需要宣传ORO饼干，消费者不需要知道卡夫是谁；宝洁假装消费者不知道

SK-II 是它生产；亨氏吃了苏丹红的哑巴亏，到现在还缓不过劲。

时代变化了。恰恰相反，今天大多数的消费者比过去任何时候，都更乐意去了解这个真实的世界：究竟是什么人在生产这些产品，并且是否和他们的理念一致？

今天再去讨论什么"宝洁公司、优质产品"的标板是否有意义，已经是一个非常落伍的问题。如同明星一样，大企业也被狗仔队跟踪，消费者对企业的八卦和隐私同样充满兴趣。今天的企业，不是你愿不愿意的问题，而是你必须将自己放在公众视线中接受观察和质询，如何使自己的企业形象和声誉更好的问题。

所以，这些做得好的 2.0 品牌，在传播产品／服务本身的时候，就已经在告诉公众这是一个什么样的企业，甚至它会借助真实的个人来传达这一点：如企业创始人或者高管。想想看 Brandson 对于 Virgin 的贡献，开复老先生对于 google 中国，以及 google, starbucks, the body shop……我们一提到这些品牌，脑海里或多或少总能浮现出一个活生生的人来。

2.0 品牌赢利模式多样化，新技术的应用以及思想的飞跃，使得价值链及商业模式发生转变

Google 依靠什么赢利？网络游戏，提升还是降低了生产力？这个问题挖掘下去非常复杂并且充满了乐趣，但坦白说，我仍然只是在观察和思考中，或许我们可以一起讨论这个问题。

暂时先写到这六点。关于品牌 2.0 我再强调一下：它不是基于互联网存在而是满足以"互联网精神"为大背景的消费者需要而诞生的，无论它是来自新旧行业，是一个老品牌还是一个新生品牌。

十面埋伏狙击战

网络营销是企业整体营销战略的一个组成部分，但可以是企业营销与品牌价值的最核心直接表达，是为实现企业总体经营目标所进行的战略性手段，值得企业重点以互联网为主要手段开展的所有的营销活动。当全世界都已经进入了网络时代后，没有理由再不把网络营销提到桌面上。而且既然要做年轻派的营销，就必须要抓住年轻人所接触的最主流的媒介，有时候甚至是最主要的唯一的媒介。

根据消息称，中国传播市场上媒介的发展已经开始大幅度停止增长，大量的企业开始减少传播支出，但网络营销却继续保持大幅度增长。2008年，全国范围内统计得到的网络营销花费已经达到了百亿以上的规模，并且依旧在保持着快速增长的态势。中国媒体之王在2013年的营业额也快被网络搜索之王百度超越，但增长幅度早已落后于网络类媒体。

简单来说，网络营销就是利用互联网为手段开展营销活动。而网络既是一个媒介传播的平台，在另外一个意义上，还是一个营销的世界，即在传统社会能进行的任何营销行为都可以在网上实现。但如何借助于网络这个媒介来更好地进行营销活动，却是值得思考的事情。我们认为：网络不同于传统媒介，不是硬性的推销，是针对每一个单独的年轻受众而进行的营销活动。所以必须要考虑到这个群体的共性和个性有哪些？这是对市场的基本调查，虽然在传统营销活动中也是不可或缺的一环，但网络的特殊性也就造就了营销活动的所有程序都需要有一个重新的定义。

以下是集中常见的最基本的网络营销模式，虽然并不见得面面俱到，但也能够做到最简单的参考：

网站平台建设

网站建设，是根据企业具体情况及其产品的特征优势，分经营与技术层面对网站的形象、内容、功能等进行规划设计，最终建设成为企业在网上进行品牌与业务传播沟通的平台。一个公司拥有了独立域名的网站，才等于是在网络上有了一个真正属于自己的家。建设好的网站可以看做是整个网络营销活动的大本营，更是资料库。所有在广告中没有详尽说明的内容都可以放在网站上，更可以展示公司内部的企业文化以及更多的产品内容，帮助消费者了解本公司和本产品。

网络广告和推广传播

网络广告，是配合企业整体营销战略，发挥网络互动性、及时性、多媒体、跨时空等特征优势，策划吸引客户参与的网络广告形式，选择适当网络媒体进行网络广告投放。不论是何种形式的营销，都离不开广告的宣传推广。网络广告自然也不会例外，但网络广告却是可以和受众之间实现互动的，是真正能够调动消费者的情绪参与到其中的。这也就摆脱了硬性的推广问题。同时，因为每一个网页的开关以及对链接的选择都是由受众手中的鼠标决定的，所以也就对网络广告提出了更高的要求，只有那些能够吸引人眼球的广告才足以引起受众的兴趣，这也从侧面促进了营销活动对自身更严格的要求。

搜索引擎优化带来访问量

通过搜索引擎优化，搜索引擎排名以及研究关键词的流行程度和相关性，使得在搜索引擎结果页面取得较高的排名的营销手段。网络时代，是搜索的时代，强调的是对信息的主动寻找，并且还要过滤掉自己不感兴趣的内容。能够在搜索引擎中得到点击率的排行，本身就足以说明该品牌的受关注度足够高。这是无形的口碑效应积累起来的结果。

当然，并不是所有的搜索结果都是靠着一点一点的点击率攀升的。以谷歌、百度等为领军行业的搜索引擎，为了自身的发展，会在一定的范围内实行竞价排行。企业只需要付出一定的费用，就可以在同等条件在网页上优先显示有关于自身的搜索结果，并可以对一定量的关键词进行设定，使得网络用户可以最直截了当地找得到自己想要的结果。

网络链接是个很神奇的东西。当你以某种不同的颜色显示出关键词的时候，用户总是会不自觉地用鼠标去点击，从而也就给商家或者品牌在无形中造成了广泛的宣传作用。想要占领网络营销的制高点，搜索引擎永远都是第一枪。

网络邮件等精准营销手段

通过电子邮件的方式向目标用户传递有价值信息，针对性强，网络营销的价值已经得到越来越多企业的认可，而 Email 营销又是网络营销的重要内容。电子邮件就像是寄到每一个消费者自己家中邮箱的 DM 广告一样，只不过使用电子邮箱的客户以年轻人居多，且在电子邮件中可以以更多种方式来展现新产品以及促销方式。而且消费者可以直接通过给出的链接点击进去就能够实现网上自由购物，然后只需要在家中坐等收货。所有的这一切流程，都要比线下的 DM 广告更直接，也更有效。

网络论坛分享媒体沟通

在高度集中性及共享性的论坛，通过发表有代表性的言论并适当引导，也是一种特别的网络营销方法，此种方法目标范围较窄，但针对性极强。网络强调的是自由性，论坛本身就是一个自由发表言论的空间，且由于是有相同或者相近口味的人活跃在论坛中，才让每一个参与者都成了无形的信息传播者和接受者。网友们可以在论坛上分享自己在交易中的得失，给后来者以经验，所以论坛是最好的口碑传播的地方。人们对于口碑的信任，要远远大于对于广告的信任。

网络电子杂志等品牌内容制作

网络杂志营销即是在网络杂志上投放软硬广告，与 email 营销不同、网络杂志有着内容和信誉的充分保障，由专业人员精心编辑制作，具有很强的时效性、可读性和交互性。电子杂志是一个新兴起来的概念，但却并不是一个全新的概念。其有着和线下实体杂志一样的办刊理念，只不过更加强调自由性和对于个性的张扬。尤其是对于多媒体的运用，使得电子杂志比传统杂志的图文混排更能吸引人，所以也更加适合阐述商家和产品的理念，让消费受众得到更好更全面的了解。

博客和微博营销，微信营销动作

博客的影响力正在日益上升，诸多名人开博，为博客聚拢了大量人气，实际上博客聚集了大量的舆论领袖，通过博客，我们可以充分借助名人效应，形成口碑传播。博客，实现了一个普通人的写作梦。尽管有些贴在网上的文字只是一些碎碎念或者是对于生活中发生的一切小事情的絮叨，但正是这些絮叨让每一篇博文都充满了人情味，也恰恰让每一个人都变成了广告软文的最好创作者。

相比之下，微博影响的范围则更加庞大。如果还没有注册一个企业微博就在谈论网络营销，那就永远都只是妄谈。

其他病毒营销

病毒性营销并非真的以传播病毒的方式开展营销，而是通过用户的口碑宣传网络，信息像病毒一样传播和扩散，利用快速复制的方式传向数以千计、数以百万计的受众。病毒性营销的经典范例是 Hotmail.com。现在几乎所有的免费电子邮件提供商都采取类似的推广方法。

长期品牌传播和营销类网络活动

在门户网站或专业网站举办网络专题活动，如网络有奖调研、各种网络比赛、选秀等。

视频营销

笔者总结人类传播的载体，就可以理解为文字、图片、声音和视频。而唯一以视频对人的现场感是最接近的感染效果。视频已经成为网民最喜欢和最关注的网络传播形式。随着宽带的发展和高速网络的普及，在各大视频网站上传视频，投放视频内容已经非常方便。尤其是在微电影流行的年代，一部DV或许就可以实现一个小小的电影梦。然后在其中适当穿插产品或者企业理念，在不会产生违和感的同时，更能让观众因为剧情或感动或感慨。哪怕是把微电影定义为一场更长的广告片，视频营销的力量也永远都无法阻挡。尤其是还存在"未完待续"四个字的时候，一切期待都因最后的悬念而被吊足了胃口。

这一方式也成为品牌故事传递的法宝，想要展开一战专门针对于年轻人的网络营销将会是轻而易举的事情。其实看似是有关于网络的名词，但归根结底也只是传统营销模式的一种变形。在设计界有一句话是，所谓创新只是打破旧元素之后重新进行组合。关键的问题在于，你是否具有打破旧元素的勇气，以及重新组合起来的能力？

为了提早进入视频传播的时代，笔者所在的单位打造的中国第一个视频分享专业营销博客，派营销智库博客分享平台（www.kuamei.com.cn）早在2011年初就开始免费分享最专业的营销品牌内容，免费对社会开放，作为中国新一代营销咨询机构，借力这一视频平台，笔者的梦想是希望营销推动社会，营销改变世界，并有机会同时影响十万人的梦想，也许在将来用这一平台就可能实现。（如图4-7）

图 4-7

捆绑销售"鼠标手"

庞大的网络消费人群已经催生，但是否能将他们真正地转变为自己的客户，企业如何抓住网络营销这一契机呢？

回看一年日历，猛然间会发现电商大战似乎充斥在每一个节假日的回忆中。2012年的双11，淘宝网站又爆出了惊人的191亿销售量。网购，已经从当初有如神坛的位置走进了平民百姓家。与传统渠道相比，网络中的销售模式即电子商务销售模式具有其独特的运作规律，其潜在的消费人群也比传统渠道多得多。但在光鲜的跟风背后，网购还有着更多的秘密需要被人了解。网络购物，从来都不是鼠标一点付账就能够轻松解决的事情。电子商务蕴含着巨大的颠覆行业的发展机遇。

与传统模式的线下销售相比，网购会使商品成本降低，从而降低售价，这对于吸引对价格敏感的消费者而言，是十分有利的。很多商家和企业也明白，通过开展网上直销的方式可以节省下更多的店面租赁资金，是能够把商品价格压低从而吸引更多消费者的最好方式。

网络对于年轻人的吸引力，也绝不仅仅是价格这么简单的一个因素。网络对于他们来说，是面向整个世界的窗口，是他们和社会交流的方式。更好的产品更直接的方式服务客户，更小的企业能有更多机会服务客户，更个性的产品能快速地展示在全国消费者面前。

当然，电子商务作为现代企业的战略要点，目前78%的淘宝商家进入后其实还处于初级价格竞争阶段，因为战略需要长期和客户价值作为基础，很多企业一上去就希望立刻卖货赚钱，单单促销盈利为目的的网络营销绝对不会是成功的营销模式，企业更应该去思考如何搭建起一个恰当的网络平台，在和年轻消费者进行买卖交易的同时，更能俘获他们网购的客户，真正为客户创造价值，用更好的方式为客户创造价值。

借力外部综合平台

所谓外部综合平台，即第三方平台，像淘宝、拍拍、有啊、1号店等等，利用它们的高流量和广影响力，来开设官方旗舰店，运营好这些独立的业务单元，可以成为整体销售系统的一个有利补充。当下绝大多数企业都是以此种模式开展起了电子商务的运营范围。当某一个平台以及积累起足够的经验和人气后，才有可能进入垂直平台的构建中。

自建垂直平台

建立自主式网络商城，搭建平台，整合企业资源，建立呼叫中心和服务营销体系，以会员制数据库营销为核心，使商城除了销售功能外，还担当会员服务中心或会员俱乐部的职能，基于客户关系管理系统实现精准营销，而这一点在传统企业线下经营模式中很难实现，网络则提供了这种可能。这个过程直接跳跃了第三方平台的中间特质，转而走向和消费面对面的交易方式，更直接有效，也更有利于直接从消费者身上获取行业信息。然而这并不是网络营销所要实现的最终目的。年轻派营销最近几年的摸索服务客户和经验总结判断，不建议企业自己创建平台，除非满足资金储备2000万以上、涉足网络三年以上、具备成熟的网络营销团队三个条件，否则不建议自己创办平台。

品牌商城或综合形象商城

只有处于产品供应链的上游、拥有资源优势、资金实力雄厚以及具备完善的物流仓储系统的食品企业，才可以走此路径。如中粮的我买网、蒙牛商城等品牌企业商城。在我买网的3000多种在线商品中，中粮的自有产品就占到了三分之一；而蒙牛商城完全是自有品类。尽管有品类的优势，但受冷链等储运要求限制等，蒙牛商城至今也只能实现北京和上海地区的货到付款；而我买网的配送范围也仅限北京地区。相反，对于储运条件有特殊要求的产品，好利来蛋糕网则实现了网上下单，线下异地送货或取货，充分整合和利用了传统的线下门店资源，当然也有像肯德基网上订餐那样，线上订餐，线下就近配送等方式，这种把线下资源和线上相结合的案例值得借鉴。

这是一个品牌或者产品实现了大量的忠实粉丝群之后才能达到的目

的。如何选择一个更合适的网络平台，决定的是商品以什么样的方式和消费者见面。这三个步骤并不是垂直递进的关系，有些知名企业除了线下实体店销售外，可能只会选择在淘宝等一些电子商务网站做旗舰店，并不会走入接下来的两个阶段。

关系到整个营销活动成败的内容最终还是在于口碑和品牌价值。网络是虚拟的社会，口碑是其生存的前提。不论是网站建设以及网络广告的轰炸，还是电商最给力的打折促销，都始终要把消费者核心价值放在第一位。不论你即将面对的消费者是不是年轻人，网络营销不可缺少的是年轻人应该保持有的激情以及对社会的责任。

5·12地震之时，腾讯公司的《QQ炫舞》游戏，透过与用户的互动，号召其为全国的灾民祈福，在QQ头像上，点燃一支祈福蜡烛，祝福灾民们早日脱离苦难。活动得到大量用户的支持，他们都自发地点上蜡烛、自发地在群上转发，腾讯的形象也得以大幅度提升，这也就解释了，为什么一打开电脑，QQ登录变得必不可少，你不得不承认，腾讯在运营QQ上的成熟与老练，而且它不全是商业目的，但它给予想进军网络的企业来所以说，确实是一个成功的典范。

网络营销是有偿的，但企业通过网络营销活动给消费者提供的口碑却是无偿的，而且是无限的。网络口碑营销成为网络整合营销中必不可少的重要部分，它巧妙地将品牌信息包装成具备话题性和自发传播性的"病毒"，让用户自愿成为"核裂变式"传播的一个节点。而食品类是网友们生活中息息相关的必备元素，容易引起网友的讨论，所以食品的口碑营销也在网络上开展得如火如荼。

通过用户的口碑宣传网络，信息像病毒一样传播和扩散，利用快速复制的方式传向数以千计、数以百万计的受众，这其中，以微博的传播速度最快、信息最广。可以这样说，口碑，它可以催生一个企业，但同时，也可以摧毁一个企业。当大家乐于在网上分享、评论的时候，其实也从侧面说明了该产品已经深入人心。在一场看似华丽的网购背后，透露出的是消费者对于企业和产品的高度信任。

诚信，这是虚拟社会生存的法则，对于企业和消费者来说，别无二致。能够把坐在电脑前面的潜在销售的右手牢牢捆绑在鼠标上的网购页面，才足以证明网络营销活动的最后成功。

网络时代的特殊性，要求营销活动必须进入精准时代

网络是全世界范围共享的，但服务却是针对于每个单独的个人的。网络营销的最大好处并不是促进单次交易，而是通过交易获得购物者的信息与购物行为特征。因为要涉及配送，所以网络购物者留下的个人信息（姓名、联系方式、地址等）都是真实的，这确保了精准营销的信息基础。

同时，购物网站通过先进的信息技术可以分析出购物者在网站的停留时间、所浏览的商品以及选择的产品等。这样的购物行为特征完全是在不影响购物者的购物过程中获得的，非常具有价值，这也是传统的商场、超市无法做到的。因此，通过这样的方式，网络购物网站就可以建立庞大的、极具价值的消费者数据库，这个数据库可以说是"价值连城"。借此机会来分析消费者的购物行为以及消费特征是轻而易举的事情。针对不同类别的网络购物者，网站可以通过不同的活动、发送不同的信息来满足其需求、引导其消费。比如，可以定期发送新产品的促销信息，可以建立基于同样需求的群组供消费者交流，可以派送电子折扣卡等方式为消费者提供更全面的服务。

因为消费者的信息非常真实、准确，所以设计的信息、服务也就非常适合消费者的需求。同时，在法律允许的范围内，网络购物网站可以将数据库与厂家、合作伙伴共享，从而最大化开发数据库的利用价值，极大的降低营销费用。从这个意义上说，这真正开启了基于消费者需求的精准营销时代。

线上营销经

不只是对于传统商家，对于任何一个厂家或者一款产品来说，开展新一轮的网络营销都实实在在是一个挑战。在如此激烈的竞争时代，网络营销并不单纯是一个见招拆招的过程。每一项内容都需要比实体营销更加具有系统性和规划性。在网络时代，比拼的往往不是谁家的营销活动更加财大气粗，而是哪一次的营销活动更具有特点和主动性，能够主动向年轻消费群体发起攻击，也必定会第一个吸引他们的消费目光。在年轻派营销中，时间永远都是占首要位置的。

在秉持了这一理念后，要打造线上营销经，还需要做到：

升级营销战略的观念

网络购物不仅是一种渠道，更是一种生活形态。对于消费者来说，他们只是选择了一种更加自由和自己更加熟悉的方式去购买日常所需，可能并不存在跟风的概念，那么商家就要瞄准消费者的这一心理，将网络销售打造成一个品牌项目和沟通服务要点，而不单单只是自己的销售渠道。营销，再不是单方面的销售，而是真正站在消费者客户价值的角度，用他们的眼光反过来看自己在这次品牌营销活动中的核心价值。网络上年轻消费者需要的是关注和服务，而并不会把价格放在第一位。至于质量，是在收到货物之后才能确定的事情。在下单之前，只有服务，决定着口碑。口碑，决定着最终的一切。

年轻派营销咨询认为，网络购物不是一种可有可无、补充渠道，而是现在和未来的核心渠道之一。从根本上说，网络购物代表的是一种新的生活购物消费形态。因此，企业品牌不仅要将网络购物看作一种具有发展潜力的渠道进行规划，还应该对网络购物进行战略研究，以仔细分析、研究网络购物者的消费模式、特征，从品牌的高度进行规划，我们称之为品牌化电商运营，从而根据网络购物者——未来的主导消费者做前瞻性的战略研发储备，甚至调整提供的服务与产品，这必将让厂家不仅赢得现在，而且会赢得未来。这是在开展网络营销活动之前，最基本的，也是目前企业最缺乏的态度。

实行线上线下一体化营销

既然已经把战场转移升级到了网络上，就要重新调整升级营销策略，以实行新形势的需要。整个的调整过程要注意两方面的内容，一是注意网络的特点，二是要注意消费者年轻化的特点。

网络不是以区域来划分的，在网购迅猛发展的今天，有时候很难精确地判定营销活动究竟要面对的消费者群体和分布区域。该如何改变？出路就在一体化营销上。

所谓的一体化营销，应该包含三个要点：

第一个要点就是产品与价格体系的一体化。对厂家来说，按照渠道细分、定制产品是常用的策略。面对网络购物，当然也可以采取定制产品的模式。但是，对网络购物来说，更重要的是要求厂家对整个产品、价格体系进行整体的规划、管理，尤其是要注意网络价格的体系稳定，使网络购物、线下购物能够协调、平衡，否则将很容易引起冲突。

第二个要点就是组织一体化。对网络购物来说，其面向的是全国的消费者，因此，厂家也不可能用目前的按区域划分的模式来画地为牢、分而治之，而应该在厂家总部设置专门的部门、人员管理、服务整条网络购物渠道。换句话说，厂家要按照渠道划分模式，而不是区域模式来管理网络购物。

第三个要点就是配送、服务的一体化。当前的网络购物网站很多采取的是与第三方物流合作的模式。对厂家来说也是如此，如果采取网络购物的模式，那么其现有的物流体系、售后服务体系要重组，也就是一体化的配送与服务体系，充分利用社会的配送、服务资源强化全国网络的布点，提高整体系统的效果。

也就是说，整个的网络营销活动要注重能够如何更加协调并且快速地把货物送到消费者手中。在没有拿到货物之前，任何人都可以随时取消订单的。同时取消的，还有好不容易积累起来的好口碑。因此在网络一体化营销过程中，最关键的一点是要把商家的经营理念贯穿到每一个步骤当中，使消费者收到的不仅仅是自己在网络上定制的货物，更有来自于商家的服务。

注重和消费者之间的互动，是延续品牌忠诚度的关键

有些上帝，是看不见的，但却并不能够忽略他们的存在。网络购物具有非常明显的互动性特征，这是网络营销中最明显的特征。正因如此，有很多的网络营销活动没有注意到同电脑另一端看不见的上帝之间的互动性，才让整个活动都陷入了僵死的状态中。因此，网络作为新型的媒体也就具有传统媒体不可比拟的双向互动的特征。如果不能够把这一特征发挥到极致，那就完全失去了网络的优越性。

在筹备网络营销的时候，要有专门的人员负责对网络购物的使用意见、交流社区、群组等进行参与，以了解消费者的意见，并为其提供即时的解答、服务，从而最大程度消除负面影响、扩大品牌知名度。尤其要非常留意网络购物的意见领袖，时刻关注网络的各种意见。对厂家来说，网络时代的到来使得品牌传播面临着极其复杂、多变的环境，稍有不慎就会酿成大祸。所以，品牌传播不再是打广告、做公关，而必须要将网络的品牌传播与销售看作一个整体进行专门的管理，只有这样才有可能取得品牌传播的良好效果。

而年轻群体之所以喜欢在网络上购物，正是基于其能够看到来自于其他消费者的公正的评论，由此决定自己是不是要在此店家购物。对于购物经验的分享，已经完全超过了地域的界限。所以必须要重视网络这一利弊参半的特征。好处就是厂家可以充分与消费者深度沟通，传达其品牌理念与形象；坏处就是品牌传播一旦出现问题，那影响就会马上扩大，留给厂家反应的时间大大缩短。

把客户评价和口碑当成品牌最重要的战略

新消费者时代，好的品牌会快速崛起，差的口碑也会让企业缺点瞬间放大，网络购物绝不简单是一种商业形态，它更代表了一种生活形态。而生活形态的变革将是从目前来看，网络购物正逐步渗透到社会中。尽管网络营销依旧不能取代现实中的一切，但正是因为发生在年轻群体身上的一切改变，才让网络营销越来越被商家重视。与此同时得到的好处是，消费者也能更加方便快捷地从网络营销中得知自己多方面的需求。这其实又是双赢的结局。如何看待、应对网络购物，这将决定了未来企业的命运，以及未来消费者的消费模式和生活模式。

年轻派营销咨询认为，往往我们看到某企业因为某个社会事件而公关不利，表现是公关战术失利，实则为营销本质本末倒置，搞错了方向，新价值消费时代，抢夺客户并珍惜客户评价及客户口碑才是品牌本质的核心关键，是企业销售驱动的原点，是企业最平凡的战略素养。

05 品牌年轻态
——对未来有着概念化态度

NIAN QING PAI
YING XIAO

品牌是什么？品牌不只是一个产品和企业的形象，更是能够成功吸引消费者的元素。它是产品，是服务，是文化，是经营理念，是兑现消费者价值的符号，是企业经营成功的结果。更是已经渗透到我们生活中方方面面的价值观。年轻人有着年轻一代的价值观，虽然处处都在彰显自己与众不同的个性，但他们每一个人都对自己的为人处世之道有着鲜明的规划。没有人会喜欢上一个毫无特点并且毫无长远目标的品牌。所以，只有那些对未来有着概念化态度的品牌，才能生存下来，成为明日帝国之基。即便这些品牌中，有的已经有长达百年的理念，而有的才刚刚出世，但无一例外的是，他们在当下保持的是一种只有年轻人才会拥有的状态，在活在当下的同时，更拥有无限美好的未来。

百事可乐的年轻态之路（品牌战略年轻化）

世界第一瓶可口可乐于1886年诞生于美国，距今已经有114年的历史，这种神奇的可乐以它不可抗拒的魅力征服了世界上数以亿计的消费者，成为世界"饮料之王"，正在可口可乐如日中天的时候，同样也是在美国，1898年，世界第一瓶百事可乐诞生了，开始踏上了与可口可乐针锋相对的漫长历史。

即便是到了今天，虽然在和可口可乐的竞争依旧没有输赢，但百事可乐却早已经积累起了属于自己的粉丝团。尤其是和可口可乐强调的全家欢相区别的是，百事可乐更贴近于年轻人的品位，无论是对梦想、激情等元素的宣传，还是请年轻偶像做代言，虽然历经了百年的发展，但百事可乐却有着越走越年轻的态势。

历史追踪

百事可乐比可口可乐诞生足足晚了12年。虽然这个年头并不算长，也已经足够让可口可乐品牌在市场上打下坚实的基础。当时，可口可乐占据和控制了碳酸类饮料的绝大多数市场，而且早已经名扬海内外。以当下的观点来看，可口可乐无疑是最正宗的品牌。后期的百事可乐想要成功站稳脚跟，不仅需要赢得消费者的信赖，还必须面临对可口可乐成为具有威胁性的挑战。

对于当时的人来说，一提到可乐，就非可口可乐莫属，百事可乐虽然价格比可口可乐低一半，味道与可口可乐相近，但还是一直无人问津，这种困境一直延续到第二次世界大战。其间百事可乐曾两次濒临破产，曾主动向可口可乐公司要求可口可乐购买百事可乐的股份。但由于某种原因，这并购事件后来不了了之。百事可乐在很长一段时间都未能摆脱这种困境，一直在破产的边缘苦苦挣扎。这几乎是所有山寨产品存在的困境。

但存在这样的困境并不一定就能说明没有企业能够从困境中走出来。相比起可口可乐，百事可乐更年轻。因为有前者作为市场领导者，它就像是一个标靶一样，百事可乐可以非常明确地找到自己跟进的方向。有些时候，只需要做到和对方一样好，就已经是一种成功。

这种状态一直延续了半个多世纪，但百事可乐的市场份额始终没有发生重大的改变。很显然这种生存得不到保障的选择是行不通的。于是百事可乐采取了另外一种战略，主动向可口可乐进攻。这正是年轻品牌所具有的无与伦比的力量。

百事可乐，做年轻一代

二战之后，美国诞生了一大批年轻人，他们没有经过太大的危机和

品牌年轻态——对未来有着概念化态度

战争的洗礼，这群人很快成长，逐渐成为美国的主流力量，而这给百事可乐"新一代"营销活动提供了基础。这是一个对百事可乐发展非常有利的环境。年轻人市场是一个非常奇妙的所在，有些口碑很好的老品牌会无缘无故地在这个市场上一败涂地，有些新崛起的品牌却能很容易地赢得年轻人的青睐。一切的原因只在于，这些品牌和年轻人本身的气质相接近，所以年轻人更希望也更喜欢购买新品牌，哪怕只是为了尝鲜。

回头看百事可乐的历程，其一直都在全力营销年轻人市场，也成为年轻一代非常热衷和欢迎的品牌，以其不同凡响的运营攻略取得了巨大的成功，成为全球第四大食品和饮料公司。百事可乐成功的经验只有三个字——年轻人。

从1998年，百事喊出"新一代的选择"以来，百事可乐和年轻人之间的关系一直保持得非常密切。这一句简单的口号却成为年轻人叛逆的选择。他们希望有独属于自己的品牌来彰显身上的个性，尤其是对于美国人来说，他们希望能够逃离父母的房子出来单独享受生活。这是新一代的价值观，所以在饮料品牌上也要有新一代的选择。百事可乐在一夜之间成为了年轻人彼此之间感情沟通的桥梁。只因为有共同的选择，才有了成功走到一起的机遇。

但百事可乐的野心并不仅仅限于此。随后，百事可乐提出了"Ask For More"是百事可乐的品牌核心价值，更是百事所带给青年人的感性诉求即：我们虽不能改变世界，但我们将从生活中获取精彩人生；我们追求独立自主的生活，更对未来充满无限憧憬；我们相信世界充满机会，相信生命将会无比精彩。我们深信：我们是引领潮流、敢做敢为，勇于尝试的先驱；我们拥有独立的个性，拥有自己的思想及生活方式；我们不断提高对自己和别人的要求，不断将思想付诸行动。不论是对自己、对梦想还是对人生，都应该要求更多。

这不但是百事可乐自己的商业理念，它更通过大量的营销宣传深入到年轻人的心中。作为年轻的一代，理应有更多的追求。在求新求变之后，最终还是需要明确自己的方向。就像是百事可乐经过多年的奋斗历程后才找到一条更明确的道路一样，它想要告诉年轻人的是，永远都不要放弃自己的追求，只有通过努力，最终才可能实现。任何时候，都不应该忘记自己的梦想，更不能忘记喝百事可乐。

一场最棒的营销活动，是可以掀起一场文化浪潮的。百事可乐影响到的，不只是当时希望寻求改变的年轻人。百事看到的是所有时代年轻人身上的共性，所以才会在一百多年的历程中永远都在年轻人的心目中占据着重要的位置。年轻人世代更迭，百事可乐的品牌却屹立不倒。

年轻派的营销战

为了更好地与年轻人结合起来，百事可乐开始了一系列的营销活动，赞助八运会，赞助甲A联赛，支持中国申奥成功等，其中百事可乐最有特色的营销手段，就是其广告形象代言人的选择上，这也是百事可乐在可口可乐的强大势力下，赢得市场的超级攻略之一。我们看看百事可乐在中国的形象代言人履历：

> 最初在香港，百事可乐推出张国荣为香港的"百事巨星"活动，展开中西合璧的音乐行销攻势。不久之后，百事可乐聘请在香港和内地红极一时、深受年轻人喜欢追捧的"天王巨星"刘德华为代言人；
>
> 20世纪90年代，百事可乐同"四大天王"之一郭富城合作，推出了一系列经典的广告版本："蓝罐包装上市"篇、"雨中飞奔"篇、"珍妮·杰克逊"篇等电视广告版本皆成为百事广告的扛鼎之作。与此同时，珍妮·杰克逊、瑞奇·马丁、王菲的倾力加盟，共同完美地演绎了"渴望无限"的蓝色风暴。
>
> 2002年，郑秀文、周杰伦F4加盟百事巨星家族，紧接着，蔡依林、古天乐、谢霆锋也加入百事可乐阵容，到了2008年，罗志祥、黄晓明成为百事可乐的一员。

为了更好地吻合年轻人张扬的个性，让百事可乐更能代表年轻人的文化和精神，百事可乐从2009年开始，将宣传了十年的"突破渴望"转变为"百事我创"来宣扬年轻人敢于创造的精神。

而在近两年的代言中，百事更是把NBA湖人队中的当家明星科比请到了麾下，在年轻人群体中始终有着强大号召力的周杰伦，与他合力出击，更是掀起了一场风暴。

从以上的明星代言历程来看，百事可乐这一系列堪称经典的广告策略、音乐行销战略都是围绕年轻人展开的。他们寻找年轻人喜欢的音乐，挑选年轻人痴迷的偶像，用大片的方式拍摄年轻人爱看的广告，一切的一切都只是为了对年轻人的口味。换句话说，是为了彰显自身的定位。

营销后记

百事可乐通过对年轻人的精准定位，加上一系列有效的营销手段，取得的成绩非凡。据AC-尼尔森在亚洲的最新调查报告显示：在中国，百事可乐已经成为年轻人最喜欢的软饮料，一度蝉联"中国大学生至爱品牌"，百事广告也最受年轻人欢迎，这说明百事可乐在年轻人这一战上取得了非常完美的成功。甚至连"百事可乐"这四个字都成为了年轻人争相在祝福的时候表达的口头禅。当一个品牌成为一种文化，还有什么能阻挡它前进的势头？

而且一款可乐品牌，之所以能够在饮料市场屹立百年而丝毫没有走向衰弱的迹象，不得不说是一个奇迹。正像是这个世界上的年轻人一样，当一代一代逐渐老去，也必定有新一代的人迅速崛起。真正的年轻人营销，不是把自己的产品消费群体设定在某一个年龄层，而是能够一次次地抓住新一代年轻人的口味。

年轻人在消费的时候，看重的消费点主要侧重在口味、颜色、品牌等几个因素，但这些都只是表面，更深层的意义在于，年轻人消费的是他们自己的喜好，是对于时尚和改变的追求，而不是一个垂垂老朽的可怜的品牌资本。

链接：百事淘宝正式上线，集合购物玩乐等四大板块

3月22日，百事携手Tmall（天猫）合力首创的年轻人创意生活平台——百事淘宝（pepsitmall.com）正式上线，同时百事还宣布聘请杨幂和韩庚成为百事家族全新代言人。

据了解，百事淘宝共分为"购物天地"、"玩乐空间"、"美食天地"、"原创108"四大板块，集购物玩乐、分享体验、创意创业等众多功能于一体。

百事大中华区首席市场官李自强表示："在互联网日趋发展的今天，电子消费越来越多地渗入年轻人的生活中，与年轻人的生活紧密相连。百事一直关注年轻人的发展，引领年轻人的潮流文化，致力于支持年轻人实现渴望。此次，百事携手Tmall共同创建的百事淘宝，就是基于支持年轻人实现渴望的理念应运而生，囊括从日常生活所需到实践渴望的多种功能，为中国年轻人提供了一个展示自我的平台。"

Tmall总裁张勇表示："百事和Tmall因支持年轻人实现渴望而携手，堪称业内的一段佳话。百事以自身的品牌优势联合Tmall成熟的运营模式，在百事淘宝的平台上，实现了业内最大的品牌联动，亦成为营销界一大创举。"

在谈及百事淘宝平台具有哪些优势时，Tmall总裁张勇表示，"百事淘宝仅初期就汇集了多达45个潮流品牌及众多限量版潮流单品，以'人无我有，人有我廉，人廉我新'的创新概念，让每个年轻人都能创造不一样的自己。"

另据了解，百事淘宝还推出"一码三用，玩转平台"的概念，只需一个百事可乐瓶盖上的串码，便能玩转"购物天地"、"玩乐空间"、"美食天地"三大潮流生活板块。

有业内人士表示，百事淘宝必将成为年轻人创意生活的目的地，掀起创意、创业、创自己的热潮，也将成为新时代年轻人的网络生活

的新宠，更将引发新一轮的跨行业、多品牌合作浪潮。

年轻派营销咨询总裁陈亮认为：这是非网购类企业品牌对网络融合的一次大跃进，因为很多进入网络的企业品牌更多的是希望网上来客，网上卖货，网上传播等借力网络的行为。

因为很多快消品，或者地面渠道本来比较完善的企业，因为纠结于觉得网络不能直接带来销售或者不适合直接销售，比如饮料食品等，所以迟迟不进入网络，期望与地面的发展，而一直观望，不进入网络，总认为网络是特定的产品才适合。

此次百度淘宝的成立 http://pepsi.tmall.com，正式为一些品牌联姻网络打开了一个信号，不管你喜欢不喜欢，不管你愿意不愿意，不管你觉得能否带来客户，不管你能否直接受益于网络，先启动和进入并将网络融合传统的营销模式是必须快行，而不是看趋势跟随，谁领先，谁获得消费者，等到你能看见别人成熟的时候，别人已经抢占了先机。

陈亮坚定地表示：至于进入后怎样做，那只是操作层面的落地方法问题。

无穷：插上年轻的翅膀飞翔（品牌消费年轻化）

图 5-1

在全世界的快餐业中，麦当劳和肯德基有着无法撼动的地位。他们的连锁经营模式有着无法比拟的优越性，放在世界上任何一个地方，也从来都没有出现因为文化差异而导致的经营亏损现象。这从侧面说明的一个问题是，在生活节奏越来越快的今天，快餐业的市场也在无限量地扩充。俗话说，民以食为天，中国食品餐饮行业有7万亿的市场份额，但如何能在这么大的市场上分得一小块蛋糕吃呢？

历史追踪

无穷食品，是一个名副其实的小公司。和许多传统的作坊经营类似，无穷食品充其量也只是一个产品杂乱、毫无特色的小食品公司。并且其成立时间也不长，虽然经营的是颇令人馋嘴的盐焗鸡，但因为自身的定位太过于模糊，根本就引不起消费者的兴趣。而且，盐焗鸡这一食品对年轻人也从来就没有特殊的吸引力。想要通过营销活动把无穷食品做大做强，有很大的困难。

经过调研全盘梳理后发现：

- 市场对手与发展空间全面梳理，发现行业正式抢占领导者的空白阶段。
- 企业自身的形象策略等系统性不强。
- 休闲类盐焗食品品类只要稍加定位即可形成领导品牌。
- 如何在启动系统营销的过程中形成品牌，同时销量提升成为企业实际难题。

给无穷插上年轻的翅膀

快餐行业的诱惑实在太大了。不想当将军的士兵从来就不是一个好士兵，尽管无穷食品还只是一个默默无闻的小卒，却也有着伟大的梦想。这一点，成为其日后成功的关键。

面对强大的市场竞争和自身存在的缺点和问题，摆在无穷食品面前最好的一条路便是推倒再重建。从包装到定位，无穷食品需要完全放弃自己过往取得的一点点小成就，一切都需要从零开始。就像是刚入世的年轻人一样，只有放下自己从学校里面学到的一切，在社会上完全以新人的姿态入驻，才能更好且更快地去塑造自身。

我们在营销活动开始前的市场调查中发现，对于这种休闲类食品，以年轻人消费者居多，这也符合人们的消费习惯，对于那些年长的人来说，他们可能更在乎食品的质量、健康等问题，更在乎享受；而年轻人则不一样，他们喜欢吃零食，口味好才是他们最在乎的，他们不在乎这些食物是否属于合理膳食之类。年轻人的这一特点和盐焗休闲食品的目标消费群相吻合。于是，无穷食品目标消费群定位为15岁–25岁的年轻人，其中以学生和打工族为主要目标销售对象。

明确核心目标群定位之后，接下来就是开始进行品牌阐述，年轻人对于自己喜欢的东西他会怎么表述呢，他们会用"我喜欢""我爱"来形容他们对自己喜欢的事物的态度，比如我喜欢逛街，我爱上网等等；另外年轻人对好吃的食品，他们会有什么样的行为动作呢？这是最后取胜的关键所在。

很多人都有这样的生活细节，小的时候，一个糕点很好吃，我们连糕点渣都不放过；一碗芝麻粥很好喝，我们会伸着舌头把碗舔干净。那种口留余香的感觉常常激起下一次购买的冲动。并且这也是最好的自我消费体验，远比从其他人那里听来的好口碑更值得信赖。无穷食品需要做的事情只有一件，那就是让所有的目标年轻人真正爱上盐焗鸡的感觉。人类是受感觉支配的动物，而无穷食品生产的盐焗鸡是要把这样一份好吃的感觉深深留在消费者的回忆中。

为了更好地把无穷鸡翅的食品的美味效果体现出来，经过多次考虑和反复推敲，最后决定用"爱你，骨头也不放过"这句广告语，通过一对年轻情侣有趣的生活细节为广告内容进行演绎。（如图5-2）

寻找年轻人媒体

当我们完成了"说什么"的时候，接下来考虑的就是"怎么说"的话题了，也就是说如何让更多的年轻人知道无穷休闲食品。这是整个营销活动中的最重点，也就是我们常提到的广告以及广告投放的渠道。再好

图 5-2　广告片创意截图

看的广告，如果投放在年轻人并不会去触碰的媒体上，也只是徒劳一场。

无穷食品要想在短时间内提升其知名度，电视媒体是首选。尽管年轻人并没有把电视作为自己接触的首选媒体，但长期以来，电视媒体一直是快消品的主要播放平台，而且电视媒体也不负众望，能在最短的时间内获得产品的知名度。而且一项调查显示，大部分年轻人在聚会的时候，即便不看电视也总是喜欢让电视开着。看电视虽然在年轻人的群体中已经不再流行，但自小伴随着电视长大的一代早已经把看电视当做是自己的一种生活习惯。在电视媒体上投放广告，这是无穷食品在主动推销自己的第一步，是在向更多的人展示自己的特点所在。

品牌年轻态——对未来有着概念化态度

相比较其电视，年轻人更喜欢上网，网络已经成为他们生活中必不可少的一部分。据统计：全国网民超过 3.6 亿，其中有 65% 的年轻人每周上网的时间超过 10 小时以上，无穷食品要想抓住这庞大的消费群，网络媒体的选择成为必不可少的。无穷食品相继与腾讯网、新浪网以及一些社区网络媒体合作。基本上实现了"电视媒体，树立品牌形象，网络平台，吸引消费者"的媒体策略目标。

这是主动投放和被动选择的双重攻势。和平面媒体比较起来，视频媒体更容易让人体会到演员在吃了盐焗鸡之后回味无穷的感觉，能让观者产生身临其境的体验。

营销后记

经过一系列的操作之后，无穷食品很快就畅销起来，销售业绩逐年上升。最新数据显示，广东无穷食品有限公司以及相继开发了盐焗鸡翅、盐焗鸡爪、爱辣鸡米、爱辣鸡爪等多个产品系列，2009 年销售额超过 6 亿，2011 年年度销售额突破 15 亿大关，成为国内盐焗鸡销售量最大的品牌企业。无穷食品也是国内并不多见的以年轻人为主要消费市场的休闲食品公司，甚至在中国大陆上，提起买鸡肉必定是肯德基，但要是提起卖盐焗鸡，恐怕非"无穷盐焗鸡"莫属，很多同行企业被无穷远远抛在后面。

长隆集团：娱乐营销的经典样板（品牌娱乐营销）

长隆集团旗下的游乐园项目，是娱乐年代最吸引人眼球的内容。其在开业一周就创下日接客量超过 5 万的记录。难怪有人说，到了广州，不去长隆，就好比到了北京不去爬长城，到了杭州不去逛西湖一样，不算真正来玩过。有如此辉煌的战绩，离不开一次好的营销活动。借助于强大的活动策划能力以及媒介公关，长隆集团在渴望着冒险、刺激和享

受的年轻人心目中很快就占据了至高地位。（如图5-3）

图5-3

历史追踪

1989年，长隆集团成立，当时其还只是一家普通的三星级酒店，名叫香江酒店。在20多年的发展之后，目前已经发展成为国内旅游界的一个大型优质集团企业，旗下拥有长隆欢乐世界、长隆国际大马戏、长隆水上乐园、香江野生动物园、广州鳄鱼公园、长隆酒店、香江酒店、长隆高尔夫练习中心和长隆夜间动物世界等九家公司。长隆集团多次刷新中国乃至全世界旅游产业标准，成为旅游新王国，长隆式的发展模式已经得到了验证和社会的认可。

长隆集团的整体战略规划部署，始终离不开"年轻"和"娱乐"两个概念。年轻人有娱乐的精神，有钱来娱乐的人又都有着不老的年轻气质，两者合二为一，打造了长隆集团的在娱乐营销年代的经典样板。

创新，是生存之本

做娱乐，长隆肯定不是第一个吃螃蟹的人。纵观整个世界范围，在娱乐项目上遥遥屹立在顶峰的有迪士尼乐园、世界之窗和欢乐谷。他们是整个行业的领导者，长隆想要发展起来就必须要效法先人成功的经验。

品牌年轻态——对未来有着概念化态度

这是难得的机遇，却也是最大的挑战。

学习他人，可以让自己少走许多弯路。但当时迪士尼乐园已经在香港隆重开场，在深圳也有世界之窗和欢乐谷吸引了大批量的游客。广州和这两个地方距离都不是很远，如何才能在左右夹击下找到新生的机会，成为长隆集团首要考虑的问题。

正因为如此，长隆集团如果作为跟随者，那是行不通的，唯有创新才是长隆长久生存之计，作为娱乐行业，目标消费群当然是年轻人、小孩子以及他们的父母。为了更好地吸引年轻人，在服务长隆的多年间，我们的每次营销主题活动就一定离不开年轻人的概念，所以就必须要创新，打破所有旧的成功模式，寻找到最适合自己发展的方向。

快乐营销，制造快乐文化

在任何时候，快乐都不会过时，因为每个人都希望能够快乐地生活，寻找快乐是他们来长隆集团的根本原因，这也是娱乐园存在的根本所在，只有让消费者体验到一种快乐的感觉，让长隆集团形成一种欢乐的文化，这才是生存之本，为此，长隆集团这几年大量引进了各种娱乐设施和项目。在硬件设施质量达标的情况下，给所有的游客提供最具有快乐价值的服务才是根本。一项娱乐项目，其根本目的就是在于制造快乐。

娱乐营销，让消费者感受娱乐文化

21世纪是一个娱乐流行的年代，创造了一个又一个娱乐高峰，从超级女声，到快乐男声，到舞林大会，再到中国好声音。你和年轻人谈娱乐，永远都不会过时。

因此，对于长隆集团来说，通过娱乐活动，一方面让消费者更加关注，另外一方面也让消费者能感受到长隆集团所传递的快乐文化。为此，长隆集团相继举办了南方新思路模特大赛、国际比基尼小姐大赛、"欢乐长隆"摄影大赛等系列活动。选秀是一项最能吸引人眼球的行为，不但能够博得大众的收视率，更可以在无形中把自身的品牌文化推广出去。唯一需要注意的一点是，选择年轻人爱看的秀。

文化营销，让消费者感受文化魅力

娱乐是什么？娱乐从来不是吃喝玩乐这些感官层次上的简单的休闲运动。真正的娱乐，更应该具有深厚的文化底蕴。一个成功的游乐场所要想能长久生存与发展下去，并且越来越被人们喜欢和追捧，那就必须进行文化营销，让游乐场辅以文化的底蕴，如美国迪士尼乐园，不仅有各种游玩的项目，更有米老鼠、唐老鸭、小熊维尼等深入人心的动画品牌。并且其一个简单的海盗乐园可以发展出在全球赚得盆满钵溢的《加勒比海盗》系列，足见其背后的文化有多深厚。

这一点不是可以效法过来的。简单的仿制只能让自身成为被人诟病的山寨产品，相反倒不如创造出独属于自己的文化项目。长隆集团在营销总监熊晓杰的带领下，采取了一系列的活动、广告和促销手段，也不断地通过影视剧的传播，来提升长隆集团的文化底蕴，以增强长隆集团的文化色彩。如2005年，长隆与香港无线电视合作的20集电视剧《人生马戏团》，剧作以长隆景区为拍摄基地，以马戏为主线，在香港市民中产生了极大的反响，很多香港游客从此对长隆留下了极为深刻的印象；其次举办了《看起来很美》的首映礼，已经完成了《双子神偷》的拍摄。

营销后记

经过一系列的系统整合和传播，长隆集团目前已经是集聚旅游景点、餐饮酒店、娱乐休闲为一体的大型综合集团，也是国家首批、广州唯一的国家级AAAA级景区，长隆集团还希望通过亚运会的背景，在政府的帮助下，全力进行概念提升，努力打造广州的CRD（休闲娱乐中心区）。

长隆集团营销成功的秘诀在于，它从始至终所做的每一件事情都从来没有脱离开年轻消费者核心价值和注意力。不论是快乐、娱乐，还是借助于文化产品的力量，每一点都符合当下年轻人欢乐核心价值追求，所以对年轻消费者更具有吸引力。相比更加童真的迪士尼乐园，长隆集团的娱乐项目同样有了自己固定的受众群体和忠实粉丝。

银子弹啤酒：借体育营销之手敲开国门

图 5-4

中国的啤酒行业呈现出全球化的特征早已是事实，位列全球前十的啤酒企业都在中国有投资，几乎每个本土企业的台前幕后都有外资啤酒企业的影子，可见在中国人的啤酒杯里外资的泡沫越来越浓。这是啤酒行业基本的背景。想要在这个背景下通过年轻派的营销手段让一款国外品牌进驻中国市场，看似难上加难。但其实只要找对了年轻人对于啤酒的概念，一样可以做到逆转。

喝啤酒，对于年轻人来说并不是为了看谁最后才醉倒。他们从来不会单独地只是为了喝酒而喝酒，而是更加看重于喝啤酒时的环境和气氛。因此只要在这两方面下足工夫，啤酒喝的究竟是哪一种，有时候并不是那么重要。（如图 5-5）

图 5-5

历史追踪

在所有外资啤酒企业进驻中国市场中,最最耀眼的莫过于摩森康胜旗下的银子弹啤酒。从 2002 年进入中国开始,销售额每年以 30% 的速度增长,在短短的几年时间内,银子弹啤酒在超过一半的销售城市中,占据了高档啤酒前三的地位,知名度排在外资高档啤酒的第二位。

而银子弹啤酒之所以并不被大众所熟知的一大原因在于,其从进入中国市场的那一刻开始,就给自己定位在比较高端的位置。银子弹啤酒是一档品牌消费,所以在市场上也一直推行着高价格的策略。银子弹在中国的渠道主要是以夜场、酒吧、夜总会等场所为渠道,少量涉足高档超市卖场。而其目标消费对象则是经济条件相对宽裕、月收入中高的男性年轻人。

由此也就决定了银子弹啤酒最终应该以哪些人为自己的目标消费者。那些经常出入夜总会、酒吧等地的人,绝对不会是上了年纪强调养生的父辈,同时更不是只能吃得起路边摊的月光族。消费银子弹的人群,既然有了足够的经济实力做保证,并且也有自己固定的圈子,那就必定会有一定的爱好相匹配。

女性年轻人喜欢八卦,男性年轻人喜欢体育,这是一种最为常见的社会现象,因此,在电视机前守候电视剧的是家庭主妇,而到了世界杯、NBA、欧洲杯则是男性年轻人的狂欢节,特别是世界杯的时候,很多男性年轻人喜欢去酒吧彻夜狂欢,让啤酒与足球同行。

通过体育营销对银子弹啤酒进行渗透,从而营造出银子弹啤酒的活力激情、积极向上的品牌个性。当啤酒遇上体育,就像是找了可以恣意的理由,银子弹啤酒也就针对于这一特点而展开了营销活动。

对于银子弹啤酒来说,搞清楚年轻人为什么喝酒,是至关重要的问题。

体育频道广告投放

年轻人与体育的亲密无间让银子弹啤酒在营销传播方面刻意以体育为主题，在广告投放方面也以体育频道和体育咨询类栏目为主，从2005年起，银子弹与央视建立了合作伙伴关系，进行深度合作，与此同时，银子弹啤酒还几乎在某个城市的省市的专业的体育频道大量地投入电视广告。

尽管年轻人很少看电视，但只要他们有看电视的时间，必定会选择自己喜欢的频道。对于体育迷来说，体育频道是不可或缺的。因此银子弹的广告投放具有高度的准确性和到达率。与体育挂钩，那么就只做给关心体育的人看。

体育赞助

除了在体育媒体上投放大量的广告之外，银子弹啤酒还借赞助体育活动，提升产品的品牌形象和知名度，打造全新的品牌形象。体育项目的冠名赞助，是各大品牌常用的营销推广模式。银子弹啤酒选择在体育项目中赞助，和自己的年轻受众密不可分。

例如银子弹啤酒与NFL签约成为中国市场的官方合作伙伴，并且在全国各地酒吧夜场内举办"NFL之夜"主题派对，计划和筹备主办一系列赛事活动，其中包括"银子弹啤酒NFL高校腰带橄榄球"、"银子弹啤酒NFL啦啦队全国巡演"、"银子弹啤酒NFL宝贝海选"等；银子弹啤酒还作为飞镖国手挑战赛的冠名商，每年在全国十多个主要城市举办过百场飞镖国手挑战赛。

而且在所有的赞助活动中，银子弹啤酒的营销活动还做到了立足于体育但却超越了体育的目标。其不但赞助体育赛事本身，更赞助和体育有关的一些花边，如"宝贝海选"和"啦啦队全国巡演"两项活动，虽然是立足于体育，但更接近于选秀。这就使得银子弹啤酒的宣传完全跳脱出了男人的队伍，把女性消费者也网罗在内。

　　按常理来讲，体育从来都不是女性的菜。不论是年长还是年幼，女性消费者一直都对体育赛事不感冒，因此也就不会注意到体育频道以及体育赛事中的冠名事宜。但这并不代表女性消费者不喝啤酒，尤其是年轻女性，她们也有自己的爱好和聚会活动，有时候也会陪着男性一起观看体育赛事。虽然她们并不一定关心体育赛事的结果，但银子弹却不可以不关心她们的饮品。（如图 5-6）

图 5-6

营销后记

　　自从 2003 年银子弹啤酒开始进入中国市场至今，银子弹啤酒每年都在以 35% 的速度持续增长。在国内的销售市场目前总计 50 多个城市，并在绝大多数省会城市都占有非常高的市场比重，各市场占有率每年都在急速增长当中，发展速度在国内所有高档啤酒公司中排名第一。

　　银子弹啤酒的营销之路走的是许多世界大品牌都会走的道路，在有前车之鉴的前提下，银子弹啤酒的营销过程中的风险少了很多。最为关键的一点在于，需要找对消费者群体的共同兴趣点，然后加以关注营销。

品牌年轻态——对未来有着概念化态度

而且自从2008年北京奥运会之后，中国一跃进入了世界体育强国的行列中，有越来越多的人开始关注体育赛事，银子弹啤酒的市场前景也更加明亮。

也就是说，银子弹啤酒成功的地方并不在于它和其他品牌的区别度在哪里，而在于你能在有限的区别度里寻找到更大的平台来让年轻人挥洒他们的激情。这更像是当年大禹治水的策略，只要给年轻人一个恰当的理由，他们就能撬动整个地球。银子弹不只是啤酒，作为饮品中的代表，尤其是啤酒类的代表，想要打破眼中的地域壁垒并不是一件容易的事情。正因为有挑战，所以才有更多的激情。这是年轻人的精神，这也是体育的精神，更是银子弹啤酒的精神。当三者契合在一条线上的时候，便出现了成功的曙光。

链接：体育营销，子弹飞翔——银子弹啤酒体育营销策略详解

背景

中国的啤酒行业是最具全球化特征的一个行业，几乎每个本土企业的台前幕后都有外资啤酒企业的影子，位列全球前十的啤酒企业都在中国有投资，啤酒杯里的外资泡沫越来越浓烈。而其中，最耀眼的莫过于摩森康胜旗下的银子弹啤酒。陈亮跨媒营销机构根据银子弹自身的条件，精心制定了一整套营销策略和品牌战略，银子弹从2002年进入中国开始，销售额每年以30%的速度增长，在短短的几年时间内，银子弹啤酒在超过一半的销售城市中，占据了高档啤酒前三的地位，知名度排在外资高档啤酒的第二位。

银子弹啤酒介绍

银子弹啤酒属于全球第四大啤酒酿造商——摩森康胜旗下的品牌，也是目前国内高档啤酒市场成长最快的品牌。其在工艺上具有独到之处，因为其口感清爽而富含酒香、入喉顺滑、层次感鲜明、不上头、不胀肚等特点，深受现代年轻人追捧。

定位：啤酒市场中的高档品牌

目标消费群：年轻与时尚，有活力与激情、积极向上，经济条件相对宽裕，月收入中高的18岁到26岁的男性青年。

渠道：夜场、大卖场两条腿走路。即以夜场、酒吧、卡拉OK、DISCO、夜总会为主，保持价格稳定，确保高额利润，确立高档的品牌形象；同时延伸至大型连锁超市和高档便利店，以增加产品和消费者之间的见面率，进而提升产品形象和知名度。(如图5-7)

图 5-7

高档啤酒市场状态分析

1. 就整个啤酒市场而言，高档啤酒在中国啤酒市场中仅占有5%的市场份额，其余95%的市场份额是中低档啤酒。但就是这5%的市场份额却挤进了10余个品牌的啤酒，以外资品牌为主，主要有百威、银子弹、喜力、生力、嘉士伯、麒麟、朝日、贝克、虎牌、科罗娜等，国产品牌则以青岛为主，竞争十分激烈。

2. 在啤酒高端市场上，洋品牌压倒了国内品牌。在国内上千家啤酒厂中，只有青岛、燕京、珠江等为数不多的品牌不断努力于高端啤酒产品和市场。而以百威、银子弹、喜力、嘉士伯等为首的国外品牌，它们大约占领了七成的市场份额。

3. 在中国的高档啤酒市场上，按照口味可以把市场细分为清爽型

（以美国品牌为主）和浓重型（以欧洲品牌为主）。消费者整体来说更喜爱口感比较清爽、味道比较清淡、不易醉、没有饱肚感的清爽型啤酒。

4. 高档啤酒市场格局基本形成：外资品牌圈定了势力范畴，百威雄霸东部，嘉士伯西部为王，其他外资高档啤酒则继续加强对强势地区的控制。

5. 酒吧、迪厅、KTV、夜分会等夜场都是高端啤酒产品抢夺最为激烈的地方（如图5-8）。

图 5-8

银子弹品牌营销战略

银子弹啤酒的品牌营销战略可以分为媒体策略、体育赞助、促销活动、企业管理等四大部分。

第一部分：媒体策略

品牌的建立过程其实就是产品在消费者心目中的心理地位提升的过程，广告在品牌建立中起着举足轻重的地位。陈亮跨媒营销机构在银子弹媒体策略的制定过程中，呈现出以下三个特点：

1. 全国覆盖、全年持续投放

国际调查机构欧睿数据显示：高档啤酒在全球啤酒总销量的占比持续上升，特别是普遍被认为新型市场的中国，将继续以强劲的势头带动全球啤酒行业的增长。外资啤酒巨头把中国市场作为他们的一个重要的战略场地，银子弹啤酒在2003年就进入中国市场，同年制定了"十年计划"计划投入数亿元全面打开中国市场。在媒体选择上面，以电视广告为主，银子弹啤酒几乎在全国的各个省市电视台和中央电视台都有广告投放，再加上平面媒体宣传、POP广告、各种文体主题活动的营销传播组合。每年在品牌宣传方面的媒介费用就高达数千万元。据有关数据统计：2003至2005年，银子弹啤酒在中国电视广告的投入与百威、青岛等不相上下。

2. 重点在体育频道投放

为了抓住青年人与体育的亲密无间，抓住时尚文化，营销传播就刻意地以体育为主题，几乎在每个省市的体育频道都大量地投入电视广告。所有的媒体传播计划都非常的偏爱专业的体育传媒和体育咨询类栏目。在所进入的省份和城市选择省级电视台体育频道和各市电视台体育频道。

3. 借助CCTV5，打造全国性品牌

从2005年起，银子弹经过3年的成长，在中国铺开市场的时机已经成熟。银子弹啤酒也从一开始的区域化品牌传播策略转变为全国性品牌传播战略。2005年，银子弹啤酒与央视体育频道建立了合作伙伴关系，展开深度合作。

针对在与CCTV-5的广告投放，陈亮跨媒营销机构为银子弹啤酒量身定做了极具针对性的传播方案，以《体育新闻》栏目与《顶级赛事》栏目为主，投放权威栏目确保了收视率与美誉度的双丰收。为了实现广告受众与产品目标消费群的最大化重合，每天18:00整点播出的《体育新闻》作为体育频道的王牌新闻栏目，早已成为18岁–40岁男性观众在18:00–19:00点收看电视节目的第一选择，栏目收视率常年保持在1.2%以上，平均每期收视人口超过1300万人。为了使银子弹啤酒的品牌传播更具效果，方案中还选择了22:40至次日凌晨的《顶级赛事》栏目，相伴观众共同欣赏如世界乒乓球锦标赛、国际高尔夫球巡回赛、女排精英赛、国际花样滑冰巡回赛、国际田联黄金联赛等多种国际顶级大赛，准确定位于高端人群。

第二部分：体育赞助

体育赞助是企业公共活动形式的一种，借助赞助体育活动，能形成良好的社会效应，提供企业或产品的品牌知名度和品牌形象，以获得社会各界广泛的关注和好感。银子弹啤酒致力于通过体育赞助，在消费者心目中打造全新形象。

品牌年轻态——对未来有着概念化态度

1.NFL 中国市场官方合作伙伴

作为美国第一运动，NFL 在中国也不乏爱好者，银子弹啤酒与 NFL 签约成为中国市场的官方合作伙伴，并且在全国各地酒吧夜场内举办"NFL 之夜"主题派对，让美式足球迷们聚集在一起进行互动。并计划和筹备主办一系列赛事活动，其中包括"银子弹啤酒 NFL 高校腰带橄榄球"、"银子弹啤酒 NFL 啦啦队全国巡演"、"银子弹啤酒 NFL 宝贝海选"等（如图 5-9）。

图 5-9

2. 冠名飞镖国手挑战赛

一年一度在全国范围举办的银子弹啤酒飞镖国手挑战赛，是国内最大规模飞镖运动非正式赛事。作为中国飞镖运动主力赞助商的银子弹啤酒，每年在全国十多个主要城市，举办过百场飞镖国手挑战赛（如图 5-10）。

3. 赞助中美建交 30 周年宴会

2009 年 9 月，前身为华盛顿子弹队的 NBA 华盛顿奇才队代表团抵达广州，开始进行一系列的访问，此次

图 5-10

活动作为中美两国建交 30 周年一系列活动的重要部分，多家在华美资企业及政府官员均出席迎接奇才队的欢迎晚宴。而此次晚宴啤酒的提供则是美国第二大啤酒集团摩森康胜公司旗下主打品牌——银子弹啤

酒（如图5-11）。

第三部分：促销活动

促销活动能快速地说服和吸引消费者购买产品，以达到扩大销售量的目的，银子弹的促销活动主要以音乐和节日为主。通过一系列的活动，银子弹给消费者一个启示：Party，没我不行！

图5-11

1. 动力火车音乐之旅

2009年，银子弹啤酒全程赞助"动力火车全国音乐之旅"，时尚清啤品牌银子弹啤酒通过夜派对Yeh party这个独特的舞台，引领全国夜场尖端潮流，致力于将美式清啤、音乐、

图5-12

风尚和人文进行创意的组合，风靡全国时尚摩登大都会。在2009年夏天，银子弹啤酒Yeh party与时尚达人们一同体验美酒与音乐的混搭碰撞（如图5-12）。

2. 圣诞节：Yeh Party全国夜场活动

早在2004年，银子弹啤酒就在全国14个城市开展"银子弹Yeh Party"，立刻在全国掀起了一股美国街头文化的风潮，这正好符合银子弹啤酒年轻、时尚、美国化的定位高度吻合，使银子弹在国内品牌快速成长（如图5-13）。

3. 万圣节促销活动

在2008年万圣节前后，银子弹啤酒在全国各大城市的酒吧、夜场内，每天晚上上演"尖叫派对"。银子弹啤酒希望通过这次活动能加强

品牌年轻态——对未来有着概念化态度

图 5-13

其国际品牌形象，同时寄希望于这次促销活动，维护中小型场（如图 5-14）。

图 5-14

第四部分：体育营销策略下的企业管理

"建立高敬业度的员工队伍"一直是银子弹啤酒管理的核心和优势，敬业的员工是成功的基础。员工的发展和工作激情是他们成功的优势。高敬业度的团队应该具备五个重要因素：目标明确、职责清晰、价值观清晰、不断致力于高效领导力以及专注取胜。

经过多年的努力，摩森康胜的综合表现一直高于全球优秀企业平均水平，而中国更是该公司一个亮点，比全球其他地区再高出五个百分点（如图 5-15）。

图 5-15

营销后记

自从 2003 年银子弹啤酒开始进入中国市场至今，银子弹啤酒每年都在以 35% 的速度持续增长。银子弹啤酒在国内的销售市场目前总计 50 多个城市，并在绝大多数省会城市都占有非常高的市场比重，各市场占有率每年都在急速增长，

图 5-16

发展速度在国内所有高档啤酒公司中排名第一。在"夜场"这个细分渠道内，银子弹啤酒已经位列进口高档啤酒品牌的前三甲（如图 5-16）。

菲星数码：打造平价蓝海（精明消费打动年轻消费者）

在科技革命的时代，年轻人中不乏资深的科技粉。他们崇拜苹果公司的创新精神，他们信仰谷歌公司的技术力量，因此每年都会掏空腰包追赶新一代的技术产品。但在科技日新月异发展的情况下，并非每个年轻人都有能力去跟上时代的潮流。他们有的正在上大学，有的刚刚踏入

防水\防尘\防潮
军工技术，给DV更多保护

图 5-17

社会甚至连温饱都不能自己解决。面对科技的诱惑，人们只能选择望洋兴叹，或者拼了老命攒钱。

以在国内城市中相对比较发达的深圳为例，深圳大多数年轻人的收入都不是很高，富士康的周围有拿着不到 2000 元工资的年轻人，他们同样也有这种需求。以风险投资商的眼光来看，他们宁愿把资金投放在技术可能并不是很成熟但在价格上绝对有优势的国产品牌，但如何让广大的消费者相信自己购买的国产品牌其实并不次于国外的品牌？这就需要有营销的力量做支撑。（如图 5-18）

图 5-18

历史追踪

在针对年轻人的市场的产品中，有时候实行高价格是一种战略，但有时候进行低价战略说不定就会得到更大的市场。菲星数码在这方面是一个成功的典型。

数码产品是一个属于年轻人市场的行业，数码产品从一开始就覆盖了高价格的标签，一台数码单反相机，便宜的五六千，贵的则是上万，可能一个镜头就上千。因此数码也在一开始的几年，常常给人一种时尚的象征之外，还有一种身份的象征，只有那些家庭富裕的、经济宽裕的人才购买。年轻人喜欢数码，喜欢高科技不假，但是另外一种情况也困惑着年轻人，年轻人有没有经济能力去购买这些高价格的产品呢？特别是 DV 产品。

在尚且没有足够的经济能力帮助自己实现数码梦想的时候，其实对于在技术上日臻成熟的国产品牌来说，这是一个极大的机遇。

对于 DV 产品而言，一方面要赢利，另外一方面要实行低价策略，甚至超低价策略，难度系数还是很高的，为了让低价格低利润的商业模式有效的开展下去，菲星数码采取了"短、平、快"的商业操作模式，以实现薄利多销，主要通过以下三个措施：

1. 采用电视购物的推销模式

电视购物可以说是营销领域的一大奇迹。其极具有煽动性的语言配以大量的真实采访和视频，通过用户采访和让相关专家对技术进行鉴定的方式，使得对尚且新的数码产品并不太了解的消费者在更直接的解读下迅速认知到这一品牌，并且其自身的优劣势有明确的分辨性。对菲星数码通过应用好的制作节目，好的播出时段，使其销售额一路飙升，其影响力也日益增大。

2. 平面直销和电视直销

通过一系列具有情节性的、故事性的，包含信息且欣赏性强的电视购物广告，以低价格直接打动消费者购买，在加大菲星数码提升的前体下，提升销售量。这是菲星数码自我营销中的最强针。年轻消费者不仅仅是在消费一款 DV，更是在消费持有此款 DV 时候的感觉。因此在一系列电视广告中，需要给潜在消费者透露出来的信息必须包含时尚、科技等多方面的元素。如曾有一个叫卢正雨的年轻导演，在读大学的时候非常喜欢电影，于是他拍了一部 90 分钟的 DV 剧《无间没有道》，拍出来之后非常受年轻人的喜欢。年轻人知道这部 90 分钟的 DV 剧是通过数码相机录像功能拍摄出来的时候，而他们一旦拥有了一部 DV，便等于是拥有了实现梦想的机会。

3. 电子商务是不可或缺的平台

伴随着国内电子商务的发展，随着网络购物市场的成熟，电子商务平台越来越被企业喜欢，菲星数码从一开始就是以网络销售为主渠道，通过介绍成本的方式实现低价格策略。相比较传统的卖场销售，电子商务有着无法比拟的优越性，也更能够吸引年轻消费者的注意力。尤其是对于一个数码品牌来讲，借助于电子商务这一新崛起的平台，更能体现出自身的科技感。俗话说，得渠道者得天下。一旦掌控了电子商务的渠道，年轻消费者便可以主动地去对比不同品牌之间的价格和技术质量，变被动的接受为主动的选择。在给了消费者更大自由的同时，也使得菲星数码走上了更先一步的平台。

营销总结

菲星凭借低价格策略迅速获得了市场及广大消费者的认可。伴随着市场的扩大、独立知识产权的拥有、科技的发展，菲星在国产 DV 市场发挥出越来越关键的领军作用。菲星营销网络星罗棋布，在大力发展国内市场的同时，充分开拓国际市场，产品远销非洲、南美洲、东南亚、中东，部分欧美等国家和地区。

菲星数码的这一营销活动所占的优势十分明显，市场上本来就存在需求的缺口，而年轻消费者的追求和最先的科技之间必定会存在一定的距离。菲星通过此次营销活动实现的不仅仅是增强了自身品牌的知名度和增加了产品销量，而在于让更先进的技术走进了寻常百姓家。

菲星的成功，不只是给了年轻人科技，更给了他们价格。是谁说世界不存在两赢的故事，只要你敢想敢做，就能够离梦想更近一些。年轻人可能一无所有，但他们有着无限宽广的未来。你若是连这一点都吝啬给予的话，又凭借什么能够来俘获年轻人的心，来抢占这一个庞大的市场呢？又或者，即便你已经在这个市场上占据了一席之地，也绝不应该因循守旧。创新，是年轻人最本质的特征之一，也是他们不懈追求的目标。一家缺乏创新精神的企业，必定是死而不僵的百足之虫，终有一日，会看到自己的日薄黄昏。

菲星数码经过快速发展的第一个企业周期后，已经进入企业的第二个阶段，前期的成功其实只是代表了科技界的一个方向，抓住了一部分消费者的购买点。在科技大革命的今天，任何一款数码类产品的新鲜保持度都不会超过两年的期限，哪怕只是产生一丝停滞不前的思想，你将会被这个时代远远甩在后面。因为推动时代进步的，是年轻人的消费观。企业和产品，从来不是在引领年轻人的消费时尚，而是在被年轻的消费欲望的驱使下不断地把自己往前推行来适应年轻人的消费。因此，才有了消费者是上帝这句话，才有了年轻人是不可战胜的群体的铁的法则。

06 三大品牌实战年轻态
——更复杂的故事往往发生在实践中

NIAN QING PAI
YING XIAO

针对80、90后消费者到底应该营销什么？是品牌，是概念还是感觉？其实，营销只是一次把产品推到大众面前的过程。年轻消费者身上所散发出来的与众不同的气息使得年轻派的营销活动也必须有所改变。尽管在整个营销过程中总是会遇到迂回曲折的情况，但正是因为年轻人身上散发出来的朝气和活力才一次次地铸造出了新的成功品牌。在这些品牌成功的背后，不单单只是凭借简单的营销概念和营销术语就能取得胜利，更复杂的故事往往发生在营销实战中。或许，本章的几则实战案例能对未来品牌的年轻派营销起到指导一二的作用。

全媒体加速品牌战略升级——华生堂苹果醋2009年传播定位纪实

营销是一次推广战略，既然是战略，就需要展开多方面不同战术的配合，才能打一场漂亮的战争。战略的本质是要以活动来体现的，即选择不同于竞争对手的独特方式来完成活动或开展不同的活动。在华生堂做"2009年传播推广"中，再次验证了对不同媒体的出色整合，又一次跨媒营销尝试成功。

针对年轻态的消费市场，首先要做到的一点是不拘一格。当下的年轻人其实是一个很复杂的群体，他们是从报纸、电视等传统媒体的时代成长而来，但却在当下成为网络等新兴媒体的绝对拥护者，同时也从来没有放弃以杂志为代表性的具有高端态度的媒体。因此，一次新的推广战略，永远都不能仅仅只是把目光聚焦在某一种媒体上，这恰恰犯了以偏概全的毛病。或许，从华生堂苹果醋的这一次传播活动中，会给更多的后来者以启发。

中山市维嘉思食品饮料有限公司成立于1992年，总部坐落于孙中山故乡——中山市古镇。公司多年来致力于饮料的生产开发，经过长期研究，开发出具有较高技术含量和品质卓越的健康饮品——"华生堂苹果醋"。

前期市场调查之背景篇

任何营销活动开始之初，都需要先对自己所负责的品牌的背景有所了解，即便是一直主张特立独行的年轻派营销也从来都不会因此而例外。

早在20世纪90年代初，曾掀起过一段时间的醋酸饮料热，醋酸饮料被誉为是继碳酸饮料、饮用水、果汁和茶饮料之后的"第四代"饮料，但由于当时价格昂贵，市场切入点不准，宣传力度不够，以及人们消费观念、生活水平等因素制约，没有持续多久，很快便销声匿迹。经过十年的技术储备和市场开拓，各厂家前赴后继，逐步将市场引入轨道，醋酸饮料迎来了第二次商业开发机遇。

此时，摆在华生堂苹果醋面前的问题有两个：一是其目标消费群体到底有哪些？是为了追求时尚而喝新款饮料的消费者，还是懂得苹果醋养生美容功效的消费者？这两个消费群体之间在年龄和兴趣爱好之间存在极大的差异性；另一个问题是，消费华生堂苹果醋的群体同时消费的品牌还有哪些？只有知己知彼才能够百战不殆，这是华生堂在营销活动开始之前需要做的市场调查，从而才能够明白自身的优劣势所在，进而选择最优的营销方式开展宣传推广的活动。

在《2009—2012年中国软饮料行业投资分析及前景预测报告》中显示，未来几年，我国果醋饮料有望维持每年数倍的高速增长。2009年全国果醋总销售额为7亿元，2010年，我国果醋市场规模有望达到20亿，2012年市场规模有望突破50亿。我国果醋饮料拥有惊人的市场潜力。这为华生堂的苹果醋上市提供了最好的契机。

市场调查显示：在全国果醋市场行业中，天地壹号、华生堂、海天、原创、麦金利等五大品牌占领70%果醋市场。同时，由于果醋市场潜力巨大，越来越多的企业开始涉足果醋行业，在广东，仅2009年新诞生的果醋企业就超过20家。随着果醋市场的日渐成熟，发展和竞争越来越激烈，品牌也显得愈加重要。在这种情况下，维嘉思食品饮料有限公司联合陈亮跨媒营销机构针对华生堂苹果醋在2009年开展了一场轰轰烈烈的"加速品牌战略升级"活动。

前期市场调查之诊断篇

1. 果醋行业分析

国内从事果醋生产的企业有数百家之多，针对国内果醋市场，可以用"小"、"乱"、"杂"三个字形容。

首先是"小"。表现为两个方面：一是行业规模小，整个行业2008年的销售规模只有6亿多元；二是以中小企业为主，缺乏强势品牌，全国几百家果醋生产企业，销售额过千万的屈指可数。

其次是"乱"。一是定位混乱，大多数厂家打保健牌，卖点诉求过多，如美容养颜、减肥、增强消化功能、醒酒护肝、杀菌抗病毒、预防衰老、消除疲劳、软化血管、防治高血压、抗癌、保持皮肤光滑滋润等；二是价格也非常混乱，定价从几元、十几元到几十元的都有，自相干扰，让本来就很难得的少数对醋饮感兴趣的消费者感到困惑。

再次是"杂"。一是品种杂，除主流的苹果醋外，还有葡萄醋、梨醋、枣醋、山楂醋、桑葚醋、枸杞醋、沙棘醋、草莓醋……；二是规格杂，各种容量的都有，包装有玻璃瓶、屋顶包、PET、易拉罐等，消费者也很难对这个品类形成整体印象。

2. 果醋目标消费群分析

通过对市场上的不同消费者进行调查，发现因不同性别，收入人群和受教育程度和习惯差异，对苹果醋的消费大有不同。女性是醋饮料信息的主要接触者和消费者（在男女消费比例中女性占 73%）；20–39 岁的消费者对果醋比较偏爱（在各个年龄阶段中占 46%）；中等收入者更喜欢果醋类饮料（占整个阶层醋消费的 45%）；受中高等教育的消费者明显对果醋产品更有兴趣（占整个阶层的 60%）。而在人们的生活习惯当中，那些经常接触苹果醋电视和户外媒体的消费者更容易消费。

3. 主要竞争对手分析

名称	××一号	×源
型号	650mL 玻璃瓶	200mL 玻璃瓶、310mL 易拉罐、365mL 玻璃瓶、500mL 纸盒屋装
价格	高	低
销售地	全国，广东市场特别好	全国
销售方式	零售、社会团体和企事业单位团购	零售为主
定位	佐餐饮料	休闲醋饮料人群：一般快消品人群
人群	高端消费人群	低端消费人群
优势	品牌悠久，口碑良好，在广东有良好的市场基础	果汁专家的品牌形象深入人心，广告传播投入大，其有出色的品牌管理，品牌形象很容易让消费者对其品牌产生信任；口径统一，形象统一，以绿色为主的"颜色营销"策略，让人自然联想到健康；全国范围内通畅的饮料渠道，铺货快而多；陈佩斯、朱时茂为形象代言人，加强贴合品牌形象；网络信息检索与软文营销十分出色

续表

劣势	品牌意识不成熟，没有系统的品牌规划，品牌老化，高端佐餐饮料的定位限制了其市场的进一步拓展，形象定位为"健康、美丽"，但没有深入拓展该主题，语焉不详，渠道采取地方分销制，品牌传播各地不同，没有统一标准	行业后来者，大规模进入广东市场有难度

4. 华生堂苹果醋 SWOT 分析

优势

在口味上，据一项调查报告显示，在针对消费者关注的天地一号、华生堂、海天、龙凤、恒顺、广味源等六款饮用型苹果醋横向评测中，从饮料的口感、产品的配料成分、包装、销售价格等多个方面进行评价打分，其中华生堂苹果醋以产品口感度好而最受消费者关注，以美味度和性价比等综合评分最高居首位。在终端上，在普通中型超市中，华生堂产品铺货最足，占据半个货铺架。在产品价格上，华生堂产品系列比较丰富，价格覆盖高中低各个档次（如图6-1）。

图 6-1

劣势

在产品包装上：华生堂产品选择比较丰富，华生堂的包装设计与品牌管理较好的汇源果汁相比较，华生堂系列产品的改进建议设计细节不够，显得品牌不够高档。在终端上：虽然占据了半个货铺，但终端陈列的统一感受包装和陈列水平限制有所影响；相比而言，天地一号的铺货量一般，但由于设计较完美统一，所以比较抢眼。

机会

在产品包装上，如果通过系列设计风格、系列图案的统一，产品的系列性在设计中体现，统一代言人或水果等图案的应用，可使产品的陈设更具视觉效果，如果玻璃瓶装产品换用磨砂玻璃瓶更显高档。

威胁

目前市场上不少产品是以食醋加果汁勾兑而成，缺乏发酵法生产果醋特有的风味，由于成本低、利润高，这种"李鬼"产品竟大行其道，正规军被挤兑得很厉害。同时华生堂苹果醋面临广东市场有天地一号，全国市场有汇源的双重竞争压力。

谋略篇

1. 精准定位：面向年轻女性群体，以家庭消费为主

所谓产品定位，就是指企业的产品要针对当前的和潜在的顾客需求，开展适当的营销活动，使其在顾客心目中有一个独特的有价值的位置，产品定位是针对产品开展的，其核心是要指向产品为其服务的。所以第一步要做的就是为公司精准定位，年轻派营销机构项目组数次内部风暴会议和市场调查，差异化天地一号餐饮市场的诉求，确定了华生堂苹果醋为一种"面向年轻女性群体，以家庭消费为主"的功能性休闲饮料，从苹果醋的不明确品类清晰归宗为果醋饮料（如图6-2）。

2. 竞争策略：高中低档划分，有的放矢，有效打击

针对天地一号等高档市场，华生堂推出了玻璃瓶装形，抢夺行业的地区性制高点；针对海天、广味源等中端市场，华生堂推出易拉罐装和塑

图 6-2

料瓶装系列，打压潜在高档竞争品牌；针对汇源等低档市场，华生堂推出了盒装系列，创造销量，占领市场份额。

3. 区域策略：指定区域，做大做强；形成模版，套用全国

全国果醋市场已经开始呈现出一定的行业分布格局。目前，全国果醋饮料主要集中分布在广东、江苏、沈阳、河南四个地区，但广东市场则是主要核心，占据全国市场近70%的市场。面对即将来临的巨大商机和挑战，以及华生堂品牌升级的要求，陈亮跨媒营销机构提出了"做好广东，迈向全国"的市场决策。以消费能力最强的广州为广东的核心市场，做好做透，然后复制到全省其他地区和其他省份。

4. 终端策略：终端为王，抢占资源，开拓新的终端

在终端，力求做到"产品到位，品牌形象到位，管理到位，人员到位，物料到位"等五大到位。保证现有终端质量的同时，发展新的终端，比如便利店、网吧等。

5. 品牌策略：品牌构建三部曲

第一部曲：重质量、抓管理。随着市场的规模和管理机制的逐渐成熟，果醋市场会越来越规范化，果醋的竞争最终还是质量的竞争，同样也是

管理的竞争。

第二部曲：媒体拉，终端推。媒体的声量和终端的感觉是消费者对产品最直观的印象通道，只有在消费者面前保有一定的曝光率才能吸引到注意。

第三部曲：树品牌。品牌是消费者心中树立的标杆。

6. 媒体策略：旺季做销量，淡季做品牌

08年受奥运会的影响，饮料行业的广告花费投入上涨21%，是广告花费增长最快的行业之一，而其中以电视广告花费的增长增速最大。在09年春节前夕，饮料行业电视投放居所有行业之首。

可见，激烈的竞争使得行业内不得不加大广告投放，抢占市场。面对激烈的市场竞争和广告媒体投放，陈亮跨媒营销机构经过反复思考，量体裁衣，在预算有限的条件下巧妙地提出"旺季做销量，淡季做品牌"的广告媒体投放策略。

执行篇

在整个传播过程中，陈亮跨媒营销机构始终坚持以"筛选优势媒体，采用形象+利益诉求，树立品牌优势形象，占据传播制高点。"为标准；以"强势电视媒体为主，网媒平媒公关为辅，"为媒体传播方针。

1. 电视

在整个电视媒体投放策略中，以"区域性强势节目塑造品牌；地方性强势节目拉动销售；旺季用优势媒体与补充媒体配合，淡季用补充媒体加强记忆"为方针。广州地区，我们选择了翡翠跟明珠两个境外频道。理由是这两个频道都是广州家庭最受欢迎的频道，而且高收入高消费人群多，更容易推广产品的高端形象，也吻合华生堂的目标消费群。在各地方，我们选择近年比较流行且受观众欢迎的民生新闻类节目，明确产品传播的区域指向，比如佛山的《小强热线》，东莞的《今日莞事》。

2. 平面媒体

平媒主要以软文方式为主，一方面软文令消费者进一步了解苹果醋的功效，另一方面，通过软文的普及与顺带的品牌展示，使品牌形象更好。而在平面媒体上，我们选择了大众普遍阅读率与关注度比较高的广州日报和南方都市报。

3. 网络媒体

网络的信息传播基本包括了所有媒体的优势。可以通过企业网站、门户网站、搜索等渠道发布详尽的消息。但网络营销的方式非常多，由于品牌还没有做到足够大，过分的网络媒体宣传反而不会收到效果。因此，陈亮跨媒营销机构建议：其一以网络检索+门户信息配合，可以最大限度地在网上传播企业本身；其二以网络的互动、软文等形式，有更丰富的信息量传达给消费者，同时也能通过网络的互动与消费者交流（如图6-3）。

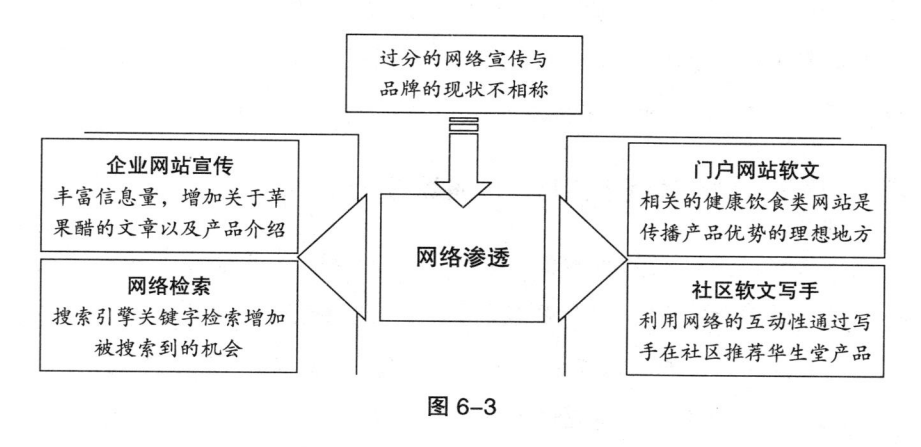

图 6-3

4. 公关活动

终端往往是消费者决定购买行为的地方，终端管理十分必要；公关活动有力推动地方销售以及支持品牌知名度的扩张，要适时推出新的活动，迎合消费者（如图6-4）。

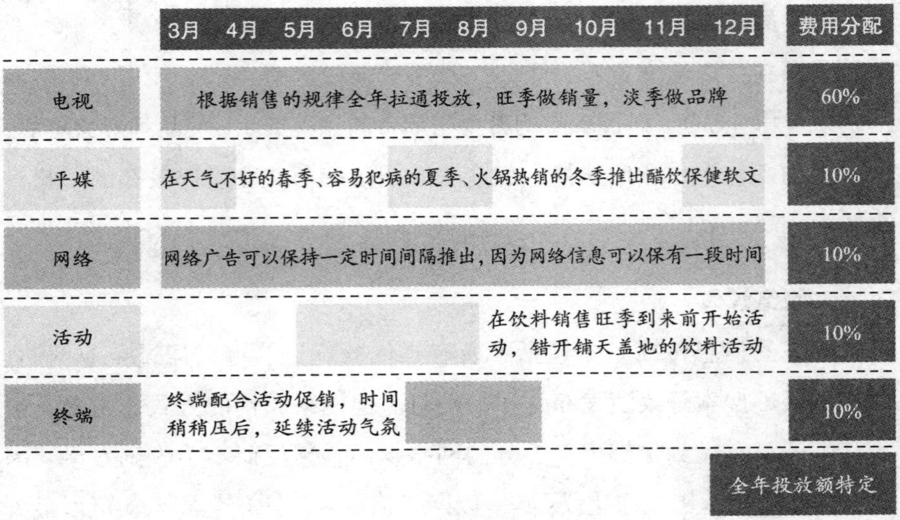

	3月 4月 5月 6月 7月 8月 9月 10月 11月 12月	费用分配
电视	根据销售的规律全年拉通投放，旺季做销量，淡季做品牌	60%
平媒	在天气不好的春季、容易犯病的夏季、火锅热销的冬季推出醋饮保健软文	10%
网络	网络广告可以保持一定时间间隔推出，因为网络信息可以保有一段时间	10%
活动	在饮料销售旺季到来前开始活动，错开铺天盖地的饮料活动	10%
终端	终端配合活动促销，时间稍稍压后，延续活动气氛	10%
		全年投放额特定

图 6-4

结尾

2009年，通过全方位的媒体推广，提升了品牌的健康时尚感，有利于消费者认识果醋的价值，并主动购买，通过2009年的努力，华生堂将致力打造成"果醋行业第一品牌"。

链接：华生堂针对年轻人的营销传播策略总结

以饮料为代表的快消品行业应该是所有行业中竞争最为激烈的，也是品种最多，创新创异最强的行业。我们去商场超市的冰柜一看，各式各样的产品鱼龙混杂在一起，有叫得出名字的，有叫不出名字的。因此，饮料行业的营销战略也是最为复杂的，千奇百怪。而战略的本质是要以活动来体现的，即选择不同于竞争对手的独特方式来完成活动或开展不同的活动。

在众多饮料产品中，有一类产品叫醋饮料，虽然被称为是继碳酸饮料、饮用水、果汁饮料和茶饮料之后的第四大饮料，但是醋饮料目前的市场规模还非常小，而且品种杂七杂八，非常混乱。就是在这种背景下，

三大品牌实战年轻态——更复杂的故事往往发生在实践中

陈亮跨媒接受了华生堂的邀请，为其旗下产品华生堂进行营销策划：

精准定位，面向年轻女性群体，以家庭消费为主

所谓产品定位，就是指企业的产品要针对当前的和潜在的顾客需求，开展适当的营销活动，以使其在顾客心目中拥有独特的价值和位置，产品定位是针对产品开展的，其核心是要指向产品为其服务的。所以第一步要做的就是为公司精准定位，经过缜密的市场调查，确定了华生堂苹果醋为一种"面向年轻女性群体，以家庭消费为主"的功能性休闲饮料。

聘请明星代言

聘请明星代言确实能让产品在短时间内实现其档次的提升，对品牌建设具有很大的作用，在饮料行业，聘请明星代言已经不是陌生的事情了，为了让华生堂在短时间内实现销售向产品的转换，华生堂聘请了佘诗曼作为形象代言人，作为谋求全国品牌的重要一步。

媒体推，终端拉

企业要想树立品牌，广告自然是少不了的，因为广告是实现知名度最快的手段；企业要想取得好的销售，渠道是最为关键的因素之一，自古就有"得渠道者得天下"之说，而且销售量的大小也能从一定程度上反映了品牌的知名程度。华生堂在其品牌升级过程中，一直把广告媒体推广与渠道传播策略并行，

小结

华生堂通过品牌提升系列策略，基本上树立了华生堂果醋健康、时尚的品牌风格，这对企业来说，无疑是华生堂的第二次革命。而目前华生堂在市场上大受欢迎，业内人士对华生堂的品牌战略提升也赞赏有加。这一切证明了华生堂第二次革命取得显著成功。（如图6-5）

图6-5

不一样的黑卡，不一样的世界——黑卡饮料广告创意

饮料市场瞄准的对象向来是以年轻人为主，这一历史甚至可以追溯到可口可乐的诞生。既然有如此具有历史传统且依旧在年轻人的市场中占据主导地位的巨鳄存在，摆在黑卡饮料前面的难题不可小觑。

中国的饮料市场的饮品越来越五花八门，竞争也愈演愈烈，以可口可乐、百事可乐等为代表的西方饮料巨头竞相在饮料市场塑造霸主地位，以娃哈哈、康师傅等代表的本土饮料企业也纷纷展开夺权之势。

黑卡饮料作为一个舶来品，在竞争非常残酷的中国本土市场显然会受到各种挤压，那么，黑卡应该如何应对这些挑战呢？它的下一步应该怎么做呢？

其实，抢夺年轻人市场说难不难说易不易。难的是，你永远都无法保证自己生产和宣传推广的产品能够永远地符合年轻人的口味。时代在变化，不变的是改变本身。因此，年轻人再不需要固守陈规的口味多出现一次。他们需要的是改变，需要的是个性，需要的是能在既有的饮料市场中出现一个新新品类来满足自己尝鲜的愿望。这，便是黑卡成功的契机。只要成功搅乱了这个市场上的格局，不管最后的结局如何，对黑卡来说，就已经看到了通往黎明的曙光。

背景分析

1. 了解瓜拉纳

瓜拉纳盛产于巴西北部亚马逊河流域，被土著人称为"神秘的眼睛"，印第安人视它的种子为"神果"。瓜拉纳种子烘干后，呈棕褐色，略带苦味，常被当地人磨成粉后混入饮料中饮用。其主要成分是瓜拉纳因，人们在服用瓜拉纳后会有精神和体力充沛的感觉。所以在食品工业中，瓜拉纳主要被当作能量元素添加在软饮料中。

2. 了解黑卡饮料

1907年，巴西开始用瓜拉纳生产饮料，由于瓜拉纳具有浓烈的热带地域特色风味，很快就流行起来，到1940年以后，瓜拉纳饮料已经成为了巴西的象征之一，被称为巴西的"国饮"。

近五年来，瓜拉纳在欧洲、美洲饮料工业内获得越来越广泛的应用，在国际软饮料市场形成强劲的上升势头。

在中国国内，虽然先先后后有一些企业在从事瓜拉纳产品的生产和销售，但是由于巴西瓜拉纳饮料配方核心技术的独特性，导致国内产品与巴西产品风味差异过大，难以使瓜拉纳的纯正特色得到体现，消费者无法领略瓜拉纳产品在巴西以及国际市场真正的实力。

3. 了解广州黑卡饮料有限公司

广州黑卡饮料有限公司成立于2006年11月，总部设在广州。黑卡饮料是该公司与巴西IMEX公司以技术和品牌合作方式成立，面向国内与亚洲地区，生产和销售以巴西风味为特色的饮料、饮品（如图6-6）。

图6-6

黑卡饮料得名于巴西IMEX公司授权使用商标——"RECCA"的葡萄牙语巴西发音："heika"。黑卡饮料产品在采用巴西IMEX公司授权配方的同时，还严格按照中国食品饮料行业相应国家标准，对配方进行了部分技术性调整，保证在保留产品原有风味的同时，杜绝任何食品安全隐患。

4. 黑卡产品系列介绍

黑卡·瓜拉纳原味饮料

黑卡·瓜拉纳原味饮料，原味，即标准的巴西"国饮"，黑卡饮料使用 IMEX 公司授权的巴西亚马逊州传统配方，和巴西进口的纯正原料，产品甘冽爽口，清香怡人，将瓜拉纳特有的风味完美体现，最具巴西饮料的代表特性。

黑卡·瓜拉纳西柚味饮料（图 6-7）

黑卡·瓜拉纳西柚味饮料，使用巴西 IMEX 公司授权革新配方，将瓜拉纳果实的青涩与西柚的清甜味巧妙地结合，口感清新别致，带给消费者全新的味觉享受。

图 6-7

黑卡·阿塞罗拉饮料

阿塞罗拉盛产于南美与西印度群岛，又叫做西印度樱桃、巴贝多樱桃。阿塞罗拉风味独特，酸甜适口。在巴西，消费者常在超市购买冷冻成冰块的阿塞罗拉果肉，回到家后，只需加入糖和水用搅拌机搅拌十秒钟即可打成清凉鲜甜的阿塞罗拉果汁。

黑卡·瓜拉纳营养素饮料

黑卡·瓜拉纳营养素饮料，使用巴西 IMEX 公司授权的科学配方，在突出瓜拉纳特有风味的同时，按营养学比例科学搭配人体所必需的肌醇、牛磺酸、烟酰胺、维生素 B6 与维生素 B12，补充维生素 B 族通过天然食物渠道摄取量的不足。

黑卡·热情果果汁饮料

热情果又叫做百香果，西番莲，主要有黄色和紫色之分。IMEX 公司的独特配方，让热情果鲜、甜、润的美妙滋味在唇齿间灵动欲出，倍感滋润。

黑卡·库巴苏果汁

库巴苏学名叫做大花可可，已经在保健品和化妆品领域广泛应用。

大家都知道可可籽是用来制作巧克力的原料，而且可可肉味道非常好。

黑卡·6小时能量饮料

巴西特色能量饮料+绿咖啡的迅速强劲+瓜拉纳的温和持久+维生素B族营养群=奔放燃烧的力量

饮料市场扫描

包装水是市场份额最大的一个饮料市场，市场格局由矿泉水、矿物质水和纯净水划分，主要代表有娃哈哈、农夫山泉、康师傅、怡宝等。

果汁市场是在饮料市场中占据一定的比例，而且未来呈现寡头垄断的市场格局，主要代表有汇源、农夫果园、可口可乐果粒橙、健力宝第五季等。

碳酸类饮料虽然每年在市场上的份额下滑，但是其市场容量是非常显著的，市场份额主要被可口可乐和百事可乐占据。

茶饮料是今年来新出现的产品，但其发展势头非常让人吃惊。主要代表有康师傅、统一、可口可乐原叶茶等。

功能性饮料因为具有特殊的功能近几年发展势头迅猛，深受人们的喜爱。主要代表有红牛、王老吉、伊利、蒙牛等。

竞争对手分析

黑卡饮料属于功能性饮料，功能性饮料是指通过调整饮料中天然营养素的成分和含量比例，以适应某些特殊人群营养需要的饮品，主要作用为抗疲劳和补充能量。功能性饮料可以分为营养素饮料、保健饮料和能力饮料。

营养素饮料是指添加适量的食品营养强化剂，以补充某些人群特殊需要的饮料。主要代表有脉动、激活、尖叫以及含有丰富蛋白质的牛奶；

保健饮料是满足身体防御功能、调节生理节律、预防疾病和促进康复等功能的饮料，主要代表有王老吉等凉茶饮料；

能量饮料根据人体的生理消耗的特点，针对性地补充和提高生理机能的饮料。其中有佳得乐、劲跑、红牛、葡萄适以及黑卡饮料等。

竞争对手广告策略分析

脉动
广告语：行动你的脉动
广告诉求：运动、时尚、激情
目标人群：15–30岁的学生、年轻人、时尚运动爱好者、白领
广告方式：电影巨星李连杰代言，扩大消费群

红牛
广告语：我的能力，我的梦想
广告诉求：提神补脑，补充体力
目标人群：高档消费者，有向高校群体蔓延的趋势
广告方式：以赛车、篮球等运动为背景阐释红牛特点的广告方式

佳得乐
广告语：我有，我可以
广告诉求：由"解口渴更解体渴"功能性需求向"我有，我可以"的精神性诉求提升
目标群体：喜欢运动、激情的消费者
广告方式：主要在体育领域，跟NBA合作扩大消费群

劲跑X
广告语：享受淋漓畅快
广告诉求：补充性功能饮料，补充人体必要元素不足，迅速恢复精力
目标人群：注重健康、活力的时尚人群
广告方式：利用空中与地面广告，双管齐下

王老吉

广告语：怕上火，喝王老吉

广告诉求：集中体现在"预防上火"上

目标人群：青少年、青年和中年

广告方式：充分利用"预防上火"的资源特点，实现效果最大化

黑卡广告策略分析

一个成功的产品，就必须在定位和形象上有所突破，跟随和模仿别人是不会成功的，这就是差异化原理。黑卡要想取得有效的突破，以一匹出色的黑马"入籍"中国，就必须持久地执行差异化策略。差异化广告诉求定位可以从产品的利益点和消费者的消费心理认知入手。

在产品利益点研究方面，我们把产地来源、成分、价格、包装、饮用人群、功能特点、渠道等角度进行仔细分析，发现两大特点，一是黑卡饮料来源巴西，绝大部分人对巴西充满新奇；其次黑卡饮料具有提神醒脑的功效。

在消费者心理研究方面，经过很长一段时间对消费者心理的调查，得出消费者具有"追求新奇、追求好玩、喜欢刺激、年轻、有创意、容易接受新鲜事物"等一些共同性格（如图6-8）。

因此我们初步得出：

广告诉求："新奇的纯巴西口味+提神醒脑的功效"的策略，产品来自巴西是差异化着手点，提神醒脑的功效则是消费者购买它的重要因素；

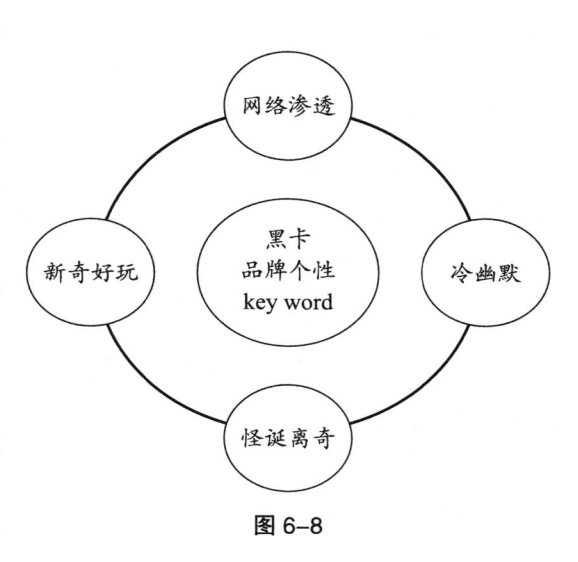

图6-8

广告风格： 自然追求一种自我表达，展示自我的独特方式，渴望体现不一样的自我。

黑卡广告创意

上面已经成功总结出黑卡的两大品牌诉求点，那么如何把这两者融合，塑造黑卡区别于竞争对手的独特的品牌个性是接下来需要解决的问题。

创意一：《中国爱巴西篇》

说到巴西，对年轻人来说，那是一个神秘的国度，了解不是太多，但说到巴西足球，我估计没几个人不知道的，巴西可以说是足球界的王者，而在巴西足球球星中，罗纳尔多是一个不得不提的人物，其在2002年韩日世界杯中的精彩表现让很多人疯狂；说到中国的体育赛事，中国的乒乓球同样也是无人能敌，被中国人称为"国球"，中国的乒乓球国手中，王励勤可以说是众人所知。试想一下：如果让王励勤跟罗纳尔多来一场足球比赛会发生什么样的趣事呢，或者罗纳尔多跟王励勤打一场乒乓球会产生什么样的效果呢？

创意二：《黑卡不黑篇》

消费者不是小孩，也不是傻子，对于定位年轻、活力四射的年轻人消费为主的黑卡饮料，在这个广告片中采取了"广告故事说一半，留一半给消费者想"的模式，以达到效果最佳的目的。

这个广告片主要讲的是：国家队跳水选手吴敏霞在参加一次世界级的跳水比赛，当她从十米高台跳下的时候，结果横着入水，水花四溅，显然这种情况在比赛中是非常失败的一次跳水，这种情况在吴敏霞身上应该很少会出现，估计无数现场的和电视机前的人都神情紧张，为吴敏霞惋惜，但当镜头转移到天花板上，一个人形凹印让大家一乐，原来是黑卡惹祸了！

创意三:《极限能力偏》

中国人都说三十而立，说明人到了三十岁的时候，经历多了，变得非常稳重。在这个广告片中，我们主要是介绍了一些年轻人窝心的事，其实他们三十岁的时候还是很脆弱，他们照样有自己的烦恼和忧郁，他们照样喜欢恶搞和嬉皮，他们照样具有更多年轻人身上的共同点。

每个人都有成长的烦恼，每个人都会遇上倒霉的事，在这些事情中，我们会看到自己的影子，但当我们看到广告的时候，我们会羡慕他们比我们幸运，因为他们有黑卡，所以他们中的倒霉鬼也会变成机灵鬼。

实效结果

1. 产生病毒营销效应，当黑卡饮料广告系列片投放播出的时候，立刻引起很大的反响，新颖而有趣的广告形式让人眼前一亮，在网络平台上，黑卡广告系列片在网民之间相互传播，引起人们广泛关注。

2. 塑造体验消费高潮，空中与线下的传播，再加上线下促销活动让很多人对黑卡这种纯巴西饮料产生了浓厚的兴趣，纷纷试饮，使黑卡一进入市场就吸引了大量消费者。

借助网络打造消费者俱乐部——嘉豪食品网络营销沟通纪实

网络营销作为一种新型的营销模式，国内最早在1997年以网络广告的形式出现。随着互联网的推广和普及，网络技术的逐步成熟和提高，以及网络具备传统媒体没有的互动性和相互性等优势，网络营销越来越被企业和广告主认可与肯定，一些企业甚至出现一"网"情深的疯狂状况。

现如今，再提网络营销这个词，再没有人会觉得陌生。微博和社交网站，早已经成为网络的中坚力量。虽然在接下来的这个案例中，并没有明确提到时下最新鲜最流行的网络手段，但在任何年代，赢的实质永远都只有一个，那就是把自身的产品和品牌告知给受众，从而保证产生消费行为。网络，只是一个同传统媒介相区别的载体（如图6-9）。

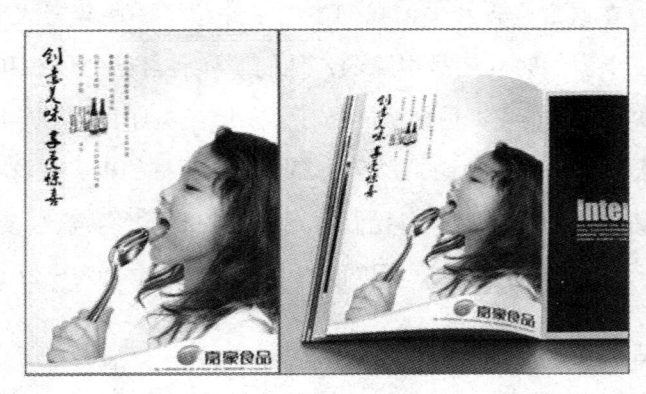

图 6-9

在嘉豪食品"2009年品牌营销推广"策略中：网络推广占有一定的地位，虽然嘉豪食品把绝大部分费用用于电视、报纸等传统媒体，网络只是以一种补充媒体的身份出现，但正是这一点补充，让传统传播得到呈倍数的落地和放大，对嘉豪鸡汁整个"品牌营销"的领导者地位打造的推动作用是毋庸置疑的。

针对嘉豪食品网络营销推广，我们主要从以下六个方面着手构思：

抓准网络搜索关键字——搜索引擎

一个网站的命脉就是流量，而网站的流量可以分为两类。一类是自然流量，一类就是通过搜索引擎而来的流量。自然流量是无法控制的，只能通过改善内容质量来提高；而搜索引擎是指根据一定的策略、运用特定的计算机程序搜集互联网上的信息，对信息进行组织和处理，并将处理后的信息显示给用户，是为用户提供检索服务的系统，从一定程度上可以人为控制。搜索引擎在国外的代表有Google，国内则有百度。

搜索引擎营销是最有效、最保险的网络营销方式。说起网络营销，很多人第一时间出现在脑海里的就是搜索引擎，搜索引擎的优势主要体现在以下几个方面：其一，针对性强，关键词由广告主自主设置，广告也只会出现搜索相关产品和服务的客户面前，因此广告主完全可以根据目标消费者的搜索习惯来设置关键词；其二，按效果付费，广告在客户面前展露是免费的，只有发生有效点击行为才会产生费用，而且单次点击费用也是有广告主自主设置；其三，投放区域、时段可控。广告主可以选择自己所需要的区域进行针对性投放，而且在投放时间上也是可以根据销售的淡旺季来有效控制，这样使广告投放更为精准。

搜索引擎以其实用性和有效性引无数营销人和广告主"竞折腰"。在网络搜索引擎过程中，关键词显然对网站的推广和网络营销的推进是不言而喻的。所以在嘉豪食品的网络营销推广中，应尽量能够抓准针对性强的关键字、抓取最有效的网站内容，如饮食、保健、育儿、生活资讯等方面的字眼和内容（如图 6-10）。

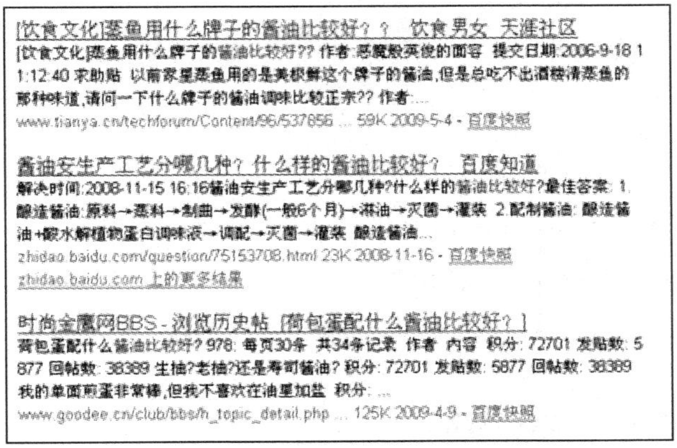

图 6-10

通过关键字点击，进入企业"三品"空间

网络营销的另外一个关键点就是网站建设，网站页面是企业的门面，通过企业网站，我们可以初步判断企业的整体印象。如营销型企业网站一定是为了满足企业的某些方面的网络营销功能，比如面向客户服务为

主的企业网站营销功能，以销售为主的企业网站营销功能，通过网站这样的工具来实现其网站营销的价值。

在嘉豪企业网站的构建中，除了要有销售功能之外，还要体现出品质、品位、品牌等"三品"气质。希望通过这个网站在大众心智中留下"嘉豪是一个有品质感、能让我品味生活的调味料品牌"的印象。

利用网络免费社区渠道营造热卖好评消费氛围

免费社区渠道是网络营销的又一重要武器，借助社区渠道树立产品、品牌形象或推进产品促销的案例数不胜数，其中最为著名的是王老吉在2008年借助汶川地震通过免费社区渠道策划的"封杀"事件。

根据嘉豪的目标消费群，女性、保健、饮食、育儿、生活资讯、旅游类网站是接触到她们的最佳触点，这些网站的社区则是最佳宣传阵地。在具体选择中，瑞丽女性网、大洋网、太平洋女性网等女性社区网站，39健康社区、搜狐健康、新浪健康等保健社区网站，天天美食网、POCO中国美食网等饮食社区网站，新浪亲子中心、摇篮网、广州妈妈等育儿社区网站，丁丁网生活论坛、19楼广州社区、西祠胡同等生活资讯网站，驴友论坛、我要去旅游论坛等旅游社区网站一个一个地呈现在嘉豪食品的面前，通过网络社区或BBS发帖，可以进行调味料测评、比较等互动信息宣传帖，从而达到好品质、好品牌和好印象的目的。

打造品牌活动专属基地

一个好的企业网站仅仅作为基本信息窗口是不足够的，它应该成为品牌活动的专属基地，成为品牌活动的线上发散地和聚集地，为活动聚集人气，同时成为活动全方位展示空间。嘉豪食品网站一直以"打造消费者俱乐部"进行构思，互动、娱乐、好玩成为吸引消费群的主要原因，也是俱乐部的三大因素。

美味小屋

三维的展厅中除了有动态产品外，还可加入虚拟导购员，当鼠标指向产品，虚拟导购员即进行功能介绍，并推荐最佳美味搭配。通过互动吸引喜欢美食、研究美食的消费群体，在学习和游戏的过程中使品牌潜移默化地深入消费者脑海里。

食尚嘉豪

提供各式特色菜谱，在调料上植入嘉豪产品，并介绍这道菜的历史背景、文化、功效，潜移默化塑造品牌高端形象。甚至定期制作电子版美食杂志，供下载，并建立讨论区，让消费者一同分享制作美食的乐趣和使用嘉豪进行菜式创新的心得（如图 6-11）。

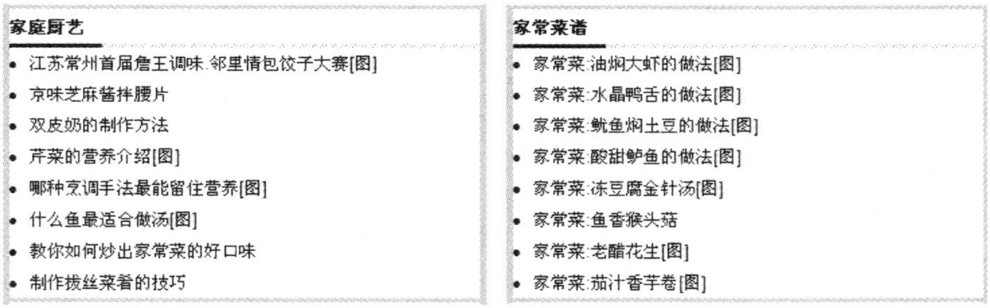

家庭厨艺	家常菜谱
• 江苏常州首届詹王调味.邻里情包饺子大赛[图]	• 家常菜:油焖大虾的做法[图]
• 京味芝麻酱拌腰片	• 家常菜:水晶鸭舌的做法[图]
• 双皮奶的制作方法	• 家常菜:鱿鱼焖土豆的做法[图]
• 芹菜的营养介绍[图]	• 家常菜:酸甜鲈鱼的做法[图]
• 哪种烹调手法最能留住营养[图]	• 家常菜:冻豆腐金针汤[图]
• 什么鱼最适合做汤[图]	• 家常菜:鱼香猴头菇
• 教你如何炒出家常菜的好口味	• 家常菜:老醋花生[图]
• 制作拔丝菜肴的技巧	• 家常菜:茄汁香芋卷[图]

图 6-11

魔幻厨房——五星级大厨争霸赛

在官网中加入游戏互动区、建设专门的活动网站已经成为许多品牌接触目标消费者的方式，生动有趣的游戏让消费者在互动中理解品牌，并建立情感联系，并可与线下相配合，对终端销售起到直接拉动。如：游戏得分可生成不同优惠券，在线下使用。通过游戏制造"病毒营销"。

构建口碑营销系统

俗话说得好，"金杯银杯不如老百姓的口碑，金奖银奖不如老百姓的夸奖"，好的口碑之于产品、之于品牌的重要性不言而喻，甚至可以说，品牌从某种意义上来说就是产品在大众心目中的社会地位。因此构建口碑营销系统对嘉豪的品牌战略非常重要。

系统一：口碑公益模式，这是超越社会化营销的必经之路。具体操作：当消费者 A 向用户 B 推荐产品，用户 B 购买产品后，用户 A 即可获得公益基金，企业将以消费者 A 的名义向公益组织进行捐赠（如图 6-12）。

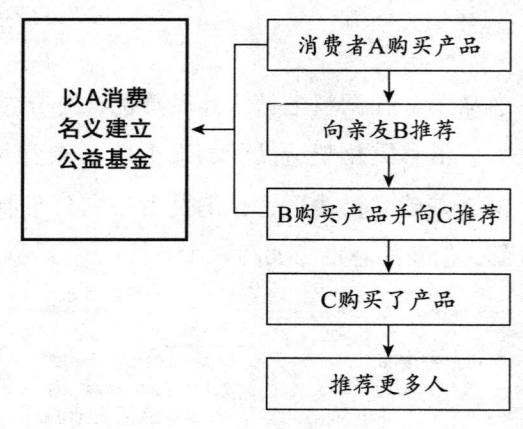

图 6-12

系统二：异业联盟，实现高资源整合。异业联盟是只以实现平台优势资源共享，利用互动实现品牌形象提升为目的，把非竞争企业联合起来形成联盟群体。建立异业联盟一方面实现了目标人群的无限放大，甚至可以实现泛渠道的营销模式，另一方面无需增加额外的宣传费用就可以达到更好的促销效果（如图 6-13）。

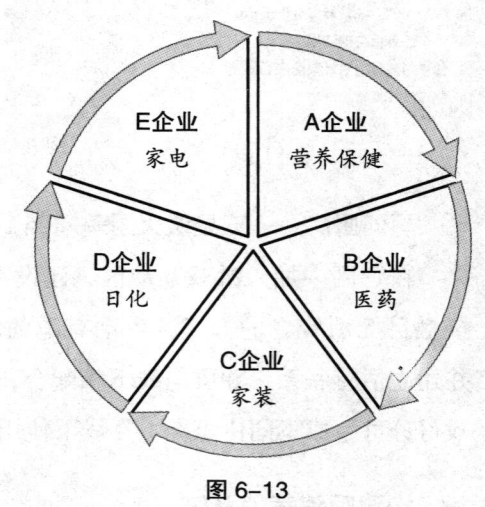

图 6-13

持续开展主题活动

持续的主题活动是凝聚人气的主要动力，有利于企业与消费者的互动沟通，加强消费者对品牌的黏度。嘉豪食品除了电视等传统媒体和网络等促销宣传之外，还根据企业不同的需求和不同的目标展开公益、促销等活动。通过系列组合的营销活动，以致更有效进行品牌传播和销售推进。

总结

嘉豪食品在网络营销推广过程中按三步走的计划：第一步，解决企业目前急需，通过关键词搜索、网站构建等吸引流量，实现促销；第二步，完善企业系统，通过建立互动区域、游戏区域、异业联盟群扩大消费者范围，吸引关注；第三步，持续主题活动营销，提高产品服务力度，维持产品销售热度。

链接：年轻派营销咨询总裁陈亮谈嘉豪营销模式升级

据不完全统计，在2008年几个月里，受金融危机的影响，有上千家食品企业和外贸加工型的企业出现大问题，中小型食品企业要生存发展，必须通过成功的营销，稳住和扩大市场份额，给企业带来持续的利润和现金流，才能够抵御住这一轮全球金融危机的冲击。

通过对中国中小型食品企业的观察研究，广东嘉豪食品在金融危机的背景下求变、求稳、求快的宝贵经验值得同类企业借鉴。早在1994年，嘉豪食品生产的青芥辣成功抢夺日本S&B广东市场销量第一的位置，2003年作为中国鸡汁品类缔造者的角色切入"汁类调味品"这一细分品类市场，在餐饮调味品渠道，嘉豪食品是为数不多的能够与家乐、太太乐这些国际公司抗衡的国内调味品企业。

虽然嘉豪在市场上取得了一定的成绩，但很难成为一家通才型的企业，中国调味品市场已有3家通才型企业，且均为拥有一百多年发展历史的国际巨头，实力雄厚，挟庞大资本，嘉豪要想战胜它们其中的一员，难度极大。在全球金融危机的背景下，嘉豪重新审视自己的经营战略，快速推出了四项重大举措，使得嘉豪食品在调味品行业中保持住了强劲增长！

在嘉豪食品公司陈志雄董事长的思考带领下，企业发展采取转型，方向是从以前的"产品＋渠道"的驱动模式向"品牌＋营销"的驱动模式转型。

嘉豪企业是年轻派营销咨询团队从2008年底开始介入的一家食品调味料企业，接触开始，董事长就亲自接待我们的服务团队，在之前，企业几乎从来不接待广告类公司。企业全盘介绍了当前的运作现状：一年数千万的渠道与公关费，来维持专业渠道的发展，且这个数字还在与日俱增。自从2008年以来，金融危机打击了大众的钱袋子，餐饮业营业额出现罕见的负增长，在一线城市广州，2009年第一季度竟出现两位数的负增长！而企业的营销成本却被某些环节过多的吞噬，这不得不让这个年销售刚过亿、专业生产各类调味品的民营食品企业——中山嘉豪食品公司的陈董事长担忧企业的未来。如何进行整体营销破局，进行品牌打造和资源优化整合，与消费者沟通性传播，成为企业下一步思考。

痛定思痛，中山嘉豪食品公司发起了一场自上而下的战略转型运动。也花费重金聘请国类多家一流咨询等上下游服务智力公司来配合营销设计规划。

嘉豪公司原有5个品牌几十款产品同时在市场上推广，在目前的市场情况下，显然是非常被动的——金融危机影响、市场萎缩、消费能力下降。这时，企业不可能还能像市场环境好的情况下来操作，而必须聚焦，企业本身的内部资源聚焦、品牌投入传播资源聚焦——主要将传播资源聚焦在嘉豪品牌上、产品的聚焦——传播资源聚焦在其主打产品鸡汁、汤皇、青芥辣上。在这样的战略调整下，企业上上下下都非常清晰自身的目标，很快可以形成一股合力，在有限的资源情况下，继续保持对市场的强劲推力。但必须承认，嘉豪绝对在同行，哪怕是没有升级，也绝对有出色的战斗能力。

营销模式思维升级

从过去单纯依赖餐饮渠道一条腿蹦极模式，升级为"餐饮＋家庭"两条腿走路。在餐饮市场消费不景气，渠道公关人员过多、进入门槛费过高的背景下，针对这些一直以来侵蚀着嘉豪企业利润的营销元素，企业开始做手术：第一、消减渠道公关人员，直接转入超市促销。第二、降低餐饮渠道投资比重，增大家庭市场的建设投入。而后者更偏重于KA、商超、士多。值得一提的是，通过这轮耗时半年的大战略研讨中，嘉豪启动了一系列外脑来配合做营销升级服务。

产品战线聚焦突破

嘉豪一直以来为多元化产品所困扰。为了满足各类市场需求，嘉豪一口气开发出芥辣、鸡粉、鸡汁、牛肉汁、鲍鱼汁、汤皇、辣椒汁、浓缩饮料等十余种产品。在推广上，就必然面临"残酷"的选择：消费者记忆空间有限，企业产品过多，而将产品同时推出市场，又面临成本过高这一壁垒。

通过企业产品销售经验，以及区域市场调研判断，嘉豪最终确定了两款适应面广、利润率合理、竞争对手无法超越的两大系列："鸡汁"与"汤皇"。

通过产品聚焦，嘉豪将更多精力集中于"品牌建设"上来。

定位区域市场实施目标战略渗透

嘉豪食品根据地在广东。经过调研，北方市场同样不可小视，如何能自上而下，形成传播营销势能，让嘉豪快速崛起，形成一把尖刀，直刺目标市场。

在节奏方面，首选广州作为样板，启动试点工作。整个营销团队梳理好分工后，营销策略、应急预警等措施全部下放到责任人，由董事长与陈世豪总经理指挥。广告片、物料等营销、地面促销，空中传播，招商道具一并开战。

2009年7月，由国内著名影视明星范冰冰出演的大厨登上中国最权威传播平台中央电视台一套黄金档，在市场中心广东，广东南方电视台，广州珠三角主流电视，如广州电视台等各频道产品广告同时出现。其他地面与配合传播也顺利跟进。（如图6-14）

图 6-14

一场中国鸡汁领导品牌诞生的战局拉开。

战略营销传播助推品牌

作为一家转型的企业，如何进行战略传播规划与有效落地营销思路也是具体操作的重要环节，嘉豪也非常接受我们的建议，积极拓展创新的手段和工具，不愧是优秀的企业。

开发四两拨千斤的营销工具

针对女性目标群体，网络互动性强，覆盖规模和成本相比传统媒体，不到十分之一。随着网络定时、定向技术日趋成熟，针对目标群体的传播更精准。值得一提的是，许多网络公司采用了按效果收费模式，对广告主来说，是一种利益与效果的双重保障。社区BBS、搜索引擎、软文等形式，传播效果非常明显，对80后、90后影响最大。

传统电视剧挂角，电视广告贵，大家都知道。但电视广告的品牌形象力与公信力，比其他营销传播工具更有效。一方面，挂角采用FLASH形式，可以做电视直销，其次，挂角曝光时间很长，少则15分钟，多则几个小时。这对有一定知名度的品牌做提醒或直销很有帮助。

　　进行内容植入类媒介产品合作，对于费用少，又要做全年推广的企业来说，选择电视媒介中植入形式合作最划算。简单的品牌植入一般有：电脑背景板、主持人口播、服饰赞助、道具赞助、电视墙、地贴、跑马灯、贴片标版等。

　　针对家庭女性数据库采用用户邮箱或手机作为营销渠道，针对客户特点采取针对性营销，成本低，而且回报率非常可观。数据库营销，一般针对大件商品或饮食，往往带有促销折扣性质，吸引人直接前来消费。

　　家庭活动购物区域生活圈户外媒体之所以价值提升，备受关注。很大的原因之一，就是政府对城市户外媒体监管加强，拆卸了大量非法的广告牌。同时户外新媒体形式得以开发与利用起来，与传统户外大牌相比，这种小成本的户外媒体渗透力非常好。如社区宣传栏、公交车内看板、车内贴、户外灯箱等。

　　2009年2月的一个下午在中山郊外，嘉豪董事长耐心听取年轻派营销咨询机构总裁陈亮的判断：中国的味精，换代的是鸡精，后来发展到鸡粉，下一步由谁来引领？很明显，属于嘉豪的新创品类鸡汁。3月，嘉豪食品的新企业厂房也于距离原厂址不到200米处落成，企业也进行了股份制改造，还开始大力引进高级管理人才，中国食品行业的鸡汁市场逆势增长，2011年年报显示，嘉豪整体业绩从2008年的1亿2千万提成到6亿元。

结语：这个人人都想更年轻的时代

提起年轻人，当下最热门的无过于80、90后。但80、90后绝不是唯一的年轻派消费者，单单研究他们身上散发出来的年轻气质似乎也显得过于单调。

这是一个人人想要更年轻的时代。

一个时代有一个时代的最强音，一个时代有一个时代的特色。年轻人的时代特色是什么？

中国改革开放的30年，也是中国营销逐渐发展与升级的30年。放眼今天的中国市场，不难发现：麦当劳、肯德基等餐厅中年轻人占主要角色，电影院、音乐会几乎快成为年轻人的专利，欢乐谷、世界之窗、游乐园成为年轻人的天下，互联网、电子商城依靠年轻人日益壮大，而苹果电脑、单反数码相机也因年轻人引发了高科技热……这种种外来的、现代的产品引爆的销售潮都是因为年轻人群体独特的消费行为。

尽管新闻媒体一遍遍不厌其烦地重复着中国已经进入老龄化的论调，但其实这是一个应该分两方面看的问题。老龄化固然使得整个社会的年龄层偏大，传统定义下的年轻人越来越少，但数字上的变化却不足以撼动年轻人对整个时代的侵袭。

他们抑或刚出大学校门还是收入不稳定的一族，他们抑或因为家庭强势背景是挥金如土的富二代，他们抑或是整日奔波工作的白领，他们抑或是小有成就的创业者，他们会在开心网偷菜，他们会建立QQ群社交，

结语：这个人人都想更年轻的时代

他们会整日待在家里成为宅男，他们会在节假日到处旅游；他们热衷于混搭、山寨，他们追捧日韩美明星，他们听各式各样各种语言的歌曲，他们守候在电视前看激烈的 NBA 或者肉麻的偶像剧……

这就是年轻人，年轻人通过一个又一个行为，引发了一个又一个文化，进而形成了一个又一个经济行为。而这一切，无不昭示着：年轻人来了，年轻人的经济风暴来了。

在中国的消费市场中，有无数个产品和行业都与年轻人有着紧密的联系，即便是针对小孩儿的儿童用品也是年轻人买的，针对老人的保健用品也是年轻人送的，更不用说那些针对年轻人的产品了。这已经是一个得年轻人者得天下的年代，一旦成为了年轻人的拥趸，就等于是拥有了撬开市场的支点。

一切，似乎都因为年轻人的崛起而变得光辉灿烂起来。

但这只是个表象。

对于企业和营销机构来说，他们要面临的问题远远比年轻消费者如何选择自己称心如意的商品更为复杂。年轻人有自己与众不同的个性，在选择实用产品和服务的时候也有着自己独特的要求，在如此怪异的生活方式下，如何才能让既有的产品和服务通过营销的方式走进他们的心中，成为营销机构必须要考虑的问题。

因此，也就有了专门针对年轻人市场而开启的年轻派营销。但这似乎又是一个误区。年轻派营销不应该仅仅针对生理上的年轻人。尤其是在老龄化的今日，那些看似上了年纪的消费人群，其实一样有着不愿意被时代落下的童心。

一项数据显示，年轻人市场是仅次于少年儿童市场的又一个非常庞大消费群，如按年龄将整个社会划分为学龄前儿童、学龄儿童、青少年、18 至 35 岁的年轻人、35 至 65 岁的中年人以及 65 岁以上的老年人等六类人群，那么，年轻人人数超过 3.5 亿，占全国人口比率的 27%。

有人说，这是最庞大的一个消费群体。但他却因为这 27% 的年轻人而忽略了另外更为庞大的 73% 的市场。年轻派营销，从来不是年轻人的专利。在信息爆炸的时代，很难下结论说一个 60 岁的老人不懂得如何玩苹果手机。更何况，传统意义上认为的年轻人大多数都是在校学生或者刚刚走上社会的人群，他们并没有能力去承担高额的时尚消费品，最终还是需要父母来为其埋单。或许，尝试着直接把属于年轻人的消费品推销给上一辈人，如果能激发其对子女的怜爱之心，一样可以起到很好的营销效果。

这只是个引子，意在说明年轻派营销远远不只是用一些所谓的独属于年轻人的特点来推广专属于年轻人的产品。真正的年轻派，是一种理念，而不是具体的方法。理念具有指导一切的能力，而方法却只能用来解决某一类事情。

由此，也请不要单纯地只是把年轻态的消费看作是一种不可逆转的潮流。在年轻化的过程中，我们总是能够一次次地看到更为新鲜的面孔出现，但也依旧能在一些老面孔上看到更不一样的内容。年轻，不只是一些漂亮容颜，比之更重要的，是我们所有的人都要有一颗年轻的心。

就像可口可乐在如此漫长的发展历程中始终会保持娱乐精神一般，在中国市场上，比可口可乐更具有历史感的茶饮品同样也可以在年轻的市场上焕发生机。泡茶，在中国传统文化的孕育下，逐渐变成一种慢生活的代表，是修身养性的概念体现。然而在年轻人的群体中，这一概念似乎行不通了。他们是夜生活的种族，他们在城市的霓虹灯下有着快节奏的生活，因此茶叶市场貌似正在逐渐和年轻人市场相远离。一个老品牌，想要重新焕发生机，需要的是其对自身经营理念的调整，是对新一代市场的迎合。因此，当与传统的茶道产品的侧重区域人群完全区隔而成为茶具品牌的新亮点的龙微信泡茶机出现在市场上的时候，其一改对茶道哲学和禅学意味的追求，而改为西方实用主义的时候，年轻人对茶叶的态度也因此发生了极大改变。

其实，一切，都是在我们现在的掌握中。要占领年轻人市场，要进

结语：这个人人都想更年轻的时代

行年轻派营销，不在于营销的产品是否是新，而在于其是否具有相比当下市场上的同类产品更新鲜的卖点。当然，这看似是老生常谈的问题，却不得不成为我们终其一生都要进行的任务。在无法预见的未来，我们谁也不知道以后的年轻人会秉持何种消费态度。但不妨以年轻人活在当下的精神自居，把目标瞄准在当下的年轻群体上——不论生理还是心理——就足以制胜当下。

年轻派营销仅仅刚开始，我们要做的事情远远不止如此。虽然以上这些文字讲了如此之多，但对于什么是年轻派营销，依旧存在千人千面的谈论。这，是值得欣喜的事情。所谓年轻态，就是在不论什么时候，我们每个人都始终对同一件事情保持态度性。这也正是我们现在在做的事情。

顶级营销专家限量发放"派营销资源智库"平台注册证和万元大礼包……

《年轻派营销》的读者请注意：

万元礼包送给你

融合企业营销战略、策略、战术并落地

现在，你将免费拥有！

---

http://www.kuamei.com.cn/reg.asp（登陆网址注册）

亲爱的读者，您好！

  我是陈亮，派营销智库负责人，年轻派营销咨询机构的创始人，也是本书的作者。

  为了让企业以营销改变未来的梦想早日实现，让营销助企业踏上"亿元"的规模台阶，为了给读者提供更多的价值……针对本书读者，我决定将我最新、实用、常用、简单、保证结果的营销战略思维、策略打造手段和战术落地方式方法汇集在"派营销资源智库"里（目前已超过几十段视频且不断丰富），然后限量发放特别准入证，允许持证者免费学习这些内部分享资源！

  最新还放入了价值 1.68 万元的融合互联网营销和传统营销的总裁方案课程视频给您免费观看！

  为什么我要这么做？

  理由很简单，因为这样我能为您创造更多的价值，甚至直接助推您产生经营效果！

  想象一下，当您免费获得"派营销资源智库"中的分享时，免费获得我价值万元的演讲等分享，免费学习的时候，我用这样的免费策略赢得了您的信任，而您的收获也将是巨大的，我们这样的互动将是互惠互利、良性沟通的。

也许您觉得奇怪，也许您觉得不可思议，但既然是免费，不如就尝试一下，不要错过这良机！

请立即登陆并填入您的姓名、手机和邮箱，加入"派营销资源智库"会员，我们平台上见！

温馨提示

陈亮·年轻派营销咨询机构集10年营销积累，服务30多个行业百家企业品牌与营销实践，数十亿营销花费背后的战略总结，在本书中倾情奉献。

凡机构读者、客户、学员均可免费获得价值5000元的品牌营销文件包（品牌营销文件包和演讲视频），价值1680元的品牌营销论坛参会资格，和年12次抽奖免费参加16800元总裁咨询班的机会（每月从学员、读者、客户中抽取）。

任选1种参与方法：

1. 发送手机短信：姓名+单位+职位至13928873713
2. 加内部营销仓库交流：QQ群：106442346
3. 关注微博：weibo.com/51kuamei
4. 登陆网络平台注册会员：www.kuamei.com.cn/reg.asp